非义务教育生均公用经费问题研究

——以广西为例

韦程东　覃壮才　闭炳华

罗修辉　王一茸　吴文俊　著

科学出版社

北　京

内 容 简 介

本书以广西为例，在开展问卷调查的基础上并结合统计年鉴，分析了特殊、幼儿和普通高中教育生均成本的情况；基于统计学、灰色理论等方法建立特殊、幼儿和普通高中教育的成本预测模型，并根据预测模型提出了促进特殊、幼儿、高中教育发展的对策与建议.

本书可供教育管理部门人员，教育经济学、统计学、应用数学等专业的教师、高年级学生和科技人员参考.

图书在版编目（CIP）数据

非义务教育生均公用经费问题研究：以广西为例/韦程东等著. —北京：科学出版社，2016.11

ISBN 978-7-03-050339-8

Ⅰ. ①非… Ⅱ. ①韦… Ⅲ. ①幼儿园–教育经费–研究–广西②高中–教育经费–研究–广西③特殊教育–学校教育–教育经费–研究–广西 Ⅳ. ①G527.67

中国版本图书馆 CIP 数据核字(2016) 第 257060 号

责任编辑：李静科 / 责任校对：邹慧卿
责任印制：张 伟 / 封面设计：陈 敬

科学出版社 出版

北京东黄城根北街 16 号
邮政编码：100717
http://www.sciencep.com

北京科印技术咨询服务公司 印刷
科学出版社发行 各地新华书店经销

*

2016 年 10 月第 一 版 开本：720×1000 B5
2016 年 10 月第一次印刷 印张：8 1/4 插页：1
字数：120 000

定价：58.00 元
(如有印装质量问题，我社负责调换)

前　　言

　　百年大计, 教育为本. 教育是立国之本, 民族兴旺的标记, 一个国家有没有发展潜力看的是教育, 这个国家富不富强看的也是教育, 教育全面推动政治、经济、文化和社会的发展, 关系到个人的成长与生活. 目前, 我国政府加大了对教育事业的投入, 让所有的孩子完成九年义务教育的学习, 甚至接受更高层次的教育. 为了深入地了解特殊、幼儿、高中等非义务教育的教育成本, 我们撰写了《非义务教育生均公用经费问题研究 —— 以广西为例》一书, 它是我们几个作者对特殊、幼儿和普通高中教育成本的点滴认识, 但愿它的出版对教育的发展有所裨益.

　　本书的出版得到广西教育科学 "十二五" 规划 2013 年度广西教育科学重点研究基地重大课题 (2013JD211)、国家自然科学基金项目 (11561010)、混合与缺失数据统计分析广西高校重点实验室建设经费的资助, 在此表示衷心的感谢. 由于著者水平有限, 错谬之处在所难免, 恳请同行及广大读者批评指正.

韦程东

2016 年 5 月于广西师范学院

目　　录

第1章 绪 论

1.1 特 殊 教 育

1.1.1 特殊教育简介

改革开放以来,我国的经济水平和人民的生活质量都有了一定程度的提高,其中起关键性作用的是国民教育,它全面推动了经济、政治、文化和社会的发展,也关系到每个人的成长与生活. 随着我国国际地位的日益提升和综合国力的日趋增强,我们急切需要发展教育来巩固和提高我国的地位. 为了发展和完善我国的教育体系,提高我国的教育水平,我国政府加大了对教育事业的投入,并通过社会募捐等方法筹集资金,添办教学设备、购买图书、建立新学校等. 显然,这些惠民政策,让更多的人有机会接受教育,甚至接受更高层次的教育,但是对特殊人群,比如患有视力、听力、智力、肢体、精神障碍等残疾人,却很难享受到公平的待遇. 如今教育公平已是国外与国内教育界的焦点与热点问题之一. 为了实现公平教育,在发展教育的同时,需要更多地关注特殊教育.

长期以来,特殊教育备受国际社会的关注,各国政府出台各种法律法规,保护和发展特殊教育,为残疾人提供平等的社会教育. 联合国在 1948 年颁布的《世界人权宣言》中规定:每个人都有受教育的权利,尤其是残疾儿童应受到合适的特殊照顾与教育. 之后颁布的《残疾人权利宣言》和《全民教育宣言》都是旨在维护残疾人的权利,满足他们的基本学习要求,让他们享受平等的教育,设法让他们融入社会. 当前,特殊教育越来越受到重视,特殊教育的资助对象范畴越来越广,不再只是针对聋、哑、盲、弱智的残疾人,还包括视觉障碍、听觉障碍、智能障碍、语言障碍、自闭症或者范畴更宽的特殊需要儿童,包括吸毒、酗酒、逃学、行为偏差的学生,资助对象的年龄也由义务教育延伸到高中、大学.

当前, 每个国家对于特殊教育的重视程度与发展方针有所差别, 其主要原因是各国的经济实力与实际情况不同. 我国的特殊教育起步较晚, 发展落后, 经费有限, 难以实现教育公平, 所以资助范畴相对其他国家而言较小. 按照我国教育部规定, 特殊教育对象指传统观念的残疾人, 即聋、哑、盲、弱智等残疾儿童、少年, 而他们可随班就读, 享受九年义务教育. 随着形势的变化和社会的发展, 特殊教育的对象将扩大到脑瘫、自闭症、学习障碍、语言障碍等类型的儿童, 也会包括其他类型的特殊需要儿童, 即农村留守、孤残、寄养、艾滋病、流浪等类型的儿童.

1.1.2　国外的特殊教育现状

文献 [1] 详细地介绍了美国、日本、英国、意大利等国家对特殊教育经费的投入与使用情况. 这些国家都有明确的法律, 规定如何补助特殊教育经费. 这些法律规定任何人不得挪用特殊教育经费到其他地方, 特殊教育经费必须用在特殊教育上; 法律明文规定保护残疾人的一切权益, 享受公平教育. 在经费来源方面, 美国特殊教育经费 90% 来自州和地方财政, 特殊情况可申请联邦的专项拨款; 日本规定其经费的 50% 由国家负责, 50% 来自地方, 每年投入经费达上千亿日元; 英国为特殊教育设立四种资金来源: 标准基金、学校创始基金、校外活动基金、额外教育奖励, 学校可按规定与需求向基金会申请资助.

对于残疾人权益的保护, 很多国家都明确地设立了法律, 规定学校不得拒收适龄残疾儿童, 且要满足他们一切合理的特殊需求, 设计个性化教育, 接受公平教育. 由此可知, 国外对特殊教育经费投入很大, 重视程度很高.

1.1.3　国内的特殊教育现状

文献 [2] 介绍了我国特殊教育事业.《教育法》《残疾人保障法》《特殊教育法》等保护残疾人的相关法律要求各级政府要逐年增加对残疾人教育事业的投入, 酌情减免学费; 规定教育经费以财政拨款为主, 社会募捐为辅, 并可根据需要设立专项补助; 规定学校不得拒收聋哑盲等残疾儿童, 要满足他们的特殊需求, 确保他们得到相应的教育. 这些法律保护我国残疾人接受平等教育的权益, 促进残疾人教育事业的发展, 为残疾人的就业创造条件.

我国特殊教育学校逐步发展壮大, 文献 [3] 介绍了我国的第一所盲人学校于 1874 年在北京成立, 标志着中国特殊教育的开端. 我国先后在杭州、上海、天津等地区建立了特殊教育学校. 特殊教育学校由 1949 年的 42 所发展到 1979 年的 289 所. 2006 年特殊教育学校达到 1605 所, 在校生 30 万人. 2010 年特殊教育学校已增到 1700 多所, 在校生达到 42.56 万人. 《"十一五" 期间中西部地区特殊教育学校建设规划》提出特殊教育学校的建设分为三个阶段, 第一阶段 (2008—2010 年) 建立 190 所, 第二阶段建立 500 所, 第三阶段建立 460 所; 对特殊教育学校设立中央专项投资, 新建学校每校补助 300 万, 改建学校每校补助 200 万, 增添必备设施每校补助 80 万; 对残疾儿童, 除免学杂费外, 还补贴生活费, 无偿提供教科书. 据《南宁晚报》报道 2011 年中央计划投入 41 亿元, 支持中西部地区新建或扩建 1001 所特殊教育学校. 各大城市纷纷落实行动, 就拿特殊教育学校生均公用经费定额标准来说, 北京市每生每年由 2000 元提高到 4500 元; 济南市实行残疾学生免费教育, 由每生每年 3000 元升至 9000 元. 由此可见, 我国非常重视特殊教育的发展.

1.1.4 广西特殊教育现状

广西位于中国西南部, 地处中国-东盟自由贸易区中心位置, 南临北部湾, 东连广东, 西邻云南, 陆地区域面积 23.67 万平方千米, 拥有 4800 万人口. 广西是国家 "西气东送" 重要的地带, 文化历史悠久, 有闻名天下的 "桂林山水", 但在全国还是属于贫困地区, 经济发展落后, 是西部大开发的主要对象之一. 在教育事业上, 广西虽在不断地向前发展, 如九年义务教育和 "两免一补" 的优惠政策让更多贫困儿童走进学校, 但其发展缓慢, 明显落后于其他省市, 因为经费不足, 师资缺乏, 办学层次低, 导致很多计划无法落实. 广西特殊教育学校 (简称特教学校) 最早开创于 1914 年, 起初人数大概有 100 多人. 1944 年, 全国只有五所特教学校, 而广西就占两所. 新中国成立后, 特教学校开始发展壮大, 广西先后在桂林、南宁、柳州等地开办特教学校. 1998 年, 特教学校已发展到 43 所. 2013 年广西已有特殊教育学校 65 所, 广西特殊教育在校学习人数达 12913 人, 聘用专任教师共计 1141 人, 2015 年广西特教学校达到 100 多所. 目前, 特教学校虽已遍布广西各地, 但学校的数量还是不够.《南宁晚报》中报道广西 2012 年投资 2.1 亿元建设 37 所特殊教育学校, 其中每所投资 80 万元用于采购特殊教育教学、康复设备.《河源晚报》报道广东省的特殊教育生均公用经费标准是普通学校的 10 倍. 虽然广西特殊教育在不断蓬勃发展, 但因地区贫困, 办学经费不足, 学校数量有限, 很多地区还存在教育经费投入不均衡的现象. 总之, 广西与全国其他地区相比较, 特殊教育的现代化进程仍存有一定的差距, 特教学校还存在很多问题, 如经费有限、师资不足、设施不完备、办学条件简陋等, 无法满足广大残疾儿童的需要. 为改变这种尴尬的局面, 政府部门需要统筹规划, 扩建特教学校, 合理进行资源优化配置, 提高办学效率.

建设特殊教育现代化工程是广西一项有关教育的重大决策, 是推进广西教育现代化水平的一个积极手段. 制定出科学合理的政策来评估教育现代化水平, 引导特殊教育现代化发展是各级政府当务之急. 对此, 有关部门先后组织专家学者进行了专项课题研究, 对广西特殊教育现状和发展态势都做了科学、深入的探讨, 同时严格引入省外优秀的教育现代化指标体系理念作为设计依据, 制定了特殊教育政策以及特殊教育发展规划. 特殊教育现代化是教育现代化的重要组成部分, 是一个国家或地区文明发达的标志[4]. 总的来说, 要求我们把特殊教育摆在重点扶持、优先发展的位置, 实现公平教育. 相对而言, 广西的特殊教育的投入处于偏低状态, 经费来源狭窄, 管理制度不完善, 总体效益不高, 师资力量薄弱, 资源没有得到优化配置, 导致办学成本很低, 办学效率不高.

1.1.5　研究意义

残疾人受国家法律保护, 备受社会各界人士密切关注, 拥有和普通人同等的权利, 共享物质文化成果, 平等参与社会生活, 接受公平教育. 在我国, 目前还有 100 多万的残疾人未能就业, 而且这个数量在不断增加, 原因在于尽管有法律保护, 但是他们还是得不到平等待遇, 无法接受公平教育, 没有一技之长, 难以自力更生, 难以融入社会. 我国特殊教育的经费大部分是财政拨款, 但其来源在整个教育系统中所占比例是最低的, 小部分来自社会募捐, 个人与家庭只承担部分学费, 而学校因为不存在筹款压力, 往往没有考虑合理有效地使用教育资源. 比如, 行政人员过多, 上岗教师不足, 经费管理不妥善, 必须购置的基本设施不齐, 却追求新、高、精的低利用率设施, 导致设备闲置、资源浪费、教育质量下降等.

我国正逐步完善教育体系, 建立更多特殊教育学校, 加大特殊教育经费的投入, 增加残疾人的补助资金, 让更多残疾人接受教育. 但目前, 我国教育经费仍很有限, 经费的使用与分配还不太合理, 学校管理制度还相当落后, 而大部分残疾人都是贫困家庭, 根本没有能力赚钱支付学费, 只能依靠国家与社会的资助. 基于我国的实际情况, 充分利用和发挥有限的教育资源, 完善财政拨款方法, 才能将资源进行优化配置, 提高资源利用率, 降低办学成本, 实现低投入高效益. 因而我们需要科学地核算教育成本, 明确特殊教育生均公用成本. 特殊教育经费的合理投入与正确使用, 对节约资金、高效办学、构建和谐社会具有重大意义, 也是目前我国实现公平教育与教育发展的需要.

1.2 幼儿教育

1.2.1 幼儿园生均公用经费问题

学前教育是一个幼儿受教育的开始, 是构成基础教育的一个重要组成部分, 而一个好的学前教育能够让幼儿在以后的发展道路上有个好的开端, 有利于后续教育的展开. 学前教育的发展对培养德、智、体、美全面发展的社会主义建设者和接班人有着举足轻重的作用. 近几年来, 学前教育成本的测算一直是人们讨论的热点话题, 原因是学前教育不再是福利, 它是国家教育事业的重要组成部分, 但却不是义务教育, 因此发展学前教育应该是政府、社会、家庭、学前教育机构的共同责任. 然而, 目前学前教育成本分担责任不明确,如从政府角度看,其财政投入主要集中在义务教育阶段,用于学前教育的经费却很少,这造成学前教育经费主渠道的投入不足;从社会角度看,无论是社会团体还是个人都倾向于捐赠和赞助高等教育和义务教育,给予学前教育的支持可以说是微乎其微,而这必然会造成家庭负担的加重.

有关数据显示,我国学前教育经费目前在全国教育经费总量中仅占1.3%左右,而国际平均水平是3.8%,在发达国家,这一比例达到7%—8%,有的甚至高达11%. 由此可见,我国学前教育经费与发达国家相比,差距很大. 联合国教科文组织《2007 年全民教育全球检测报告》显示,2004 年在 79 个有数据可查的国家中, 有 65 个国家的幼儿保育教育经费不到该国教育总支出的 10%,在这 65 个国家中,有超过一半国家的幼儿保育教育经费不到总教育经费的 5%,在剩下的 14 个国家中用于幼儿保育教育的经费占教育总支出的 10%以上. 相比之下,我国学前教育经费的投入很少,这严重影响了学前教育事业的发展.因此,在加大对高等教育、义务教育投入的同时,也应该重视对学前教育的投入. 此外,随着人们的生活水平不断地提高与完善,学前教育的需求量也不断地增多,这种形式必然会使学前教育面临严峻的挑战.在这种背景下,幼儿教育成本已经成为幼儿家庭面临的难题、政府及媒体关注的焦点.幼儿教育该如何定位?政府在幼儿教育中应承担怎样的责任?如何保证有限的幼儿教育资源得到合理且有效的配置? 这些问题有待于人们去深入探讨与研究.

1.2.2 国外研究现状

国外最早提出教育成本的概念是在 20 世纪 50 年代末 60 年代初,是随着教育经济学的产生而提出的. 1958 年,最早研究教育经济学的学者之一约翰·维泽 (John Vaizey) 在其出版名为《教育成本》[17](*The Cost of Education*) 的专著中提到,教育成本就是以教育经费的形式出现,显然当时他把教育经费等同教育成本. 后来,美国著名经济学家舒尔茨 (Theodore W. Schulte) 和科恩 (Elchanan Cohn) 分别在 *The Economic Value of Education*[18] 和 *The Economic of Education*[19] 中对教育的全部成本进行了更深一步的研究, 分别以教育成本的分类方式提出了 "教育全成本" 的概念. 舒尔茨指出: 教育成本不仅包括学校提供服务所耗费的经费和实物, 还要包括机会成本. 科恩提出教育成本分为两类: 一类是学校提供服务所耗费的成本及学生因上学所用的支出, 即直接成本; 另一类是学生因上学所放弃的收入, 即间接成本, 而幼儿是无收入能力者, 所以学前教育成本的间接成本这一类可以不计. 文献 [18], [19] 可以看作是舒尔茨和科恩对教育成本进行的分类, 这可以更加具体明了地得出教育成本的概念, 有利于对教育成本的测算.

1.2.3 国内研究现状

王化敏在文献 [5] 和 [6] 中对我国幼儿教育事业发展现状进行了具体分析. 赖长春[7] 指出, 从 2000 年到 2007 年, 我国幼儿园总数从 17.6 万所减至 12.9 万所, 减少了 30%, 其中社会力量办园几乎占幼儿园总数的 60%. 入园难、入园贵也就自然成为很多幼儿家庭不可避免的难题. 北京师范大学曾晓东教授认为我国学前教育即将在很长一段时间里不得不在计划经济和市场经济相互矛盾的制度空间里发展[8].

目前国内许多教育经济学家, 如厉以宁、阎达五、王耕等[9-15] 对教育成本的概念已给出不同的论述, 但至今也没有得出统一的表述. 从文献 [9]—[15] 可知教育 "成本" 是从经济学 "成本" 延伸出来的. 经济学中 "成本" 的概念是指从事一项投资计划所消耗的全部实有资源的总和. 在商品经济条件下, 成本是商品所消耗的物化劳动和活劳动[16]. 经济学上的成本也就是机会成本, 指为了得到某种东西而放弃另一种东西的最大价值. 有的机会成本可以用货币来衡量, 但有的机会成本却不能用货币来衡量, 因此教育成本中的机会成本既包括教育过程中消耗的实际支出, 也包括学生因上学所放弃的收入和公共资金用于教育而损失的收益. 而本书研究的教育成本就是指能用货币来衡量的, 即学校在提供教育服务过程中所消耗的必要的经济资源.

从以上研究可以看出国内外不同的研究者对教育成本概念的论述有不同的看法, 但是对教育成本的本质[20] 内涵有着基本相同的认识. 然而,他们都只是从理论意义来界定教育成本的本质, 并没有从实际意义上来界定. 而实际上, 理论意义上的教育成本与实际意义上的教育成本是有区别的. 因此, 有了教育成本概念并不是说可以对教育成本进行测算. 要测算教育成本就必须先弄清现实意义上的教育成本, 而本书所研究的幼儿教育成本是指学校用于培养一个幼儿所需的费用, 是能用货币来支付的, 因幼儿没有工作能力, 所以不包括幼儿因学习而不能参加工作带来的机会损失, 即机会成本. 现在我们对幼儿教育成本概念有了初步的了解, 但我们还需要对幼儿教育生均成本更加全面和深入地了解. 因此将以广西幼儿教育生均成本为例, 进一步对幼儿生均成本进行测算及模型的研究. 在此之前, 已有很多学者对学前教育成本进行了研究, 如王彬[21] 已经通过问卷调查的形式对广州市幼儿教育成本和收费标准进行了实证研究; 符策红、何春花等[22] 基于海南民办幼儿园的实施情况对海南学前教育成本与收费进行了研究; 高洁[23] 运用调查问卷、数据统计法和内容分析法等调查分析了西安市学前教育成本与收费问题的现状. 但是这都只是针对学前教育成本与收费问题进行研究, 很少发现有研究者单独对学前教育成本的测算进行研究与探讨. 于是, 在这种现状之下, 建立幼儿教育生均成本的测算模型就成为热点与难点问题.

1.2.4 广西幼儿教育生均成本的研究现状

广西公办幼儿园生均公用经费有了标准. 从自治区教育厅了解到, 幼儿园生均公用经费标准从 2016 年春季学期开始执行, 到 2017 年执行到位. 其中, 2016 年城市、县级公办幼儿园生均公用经费标准分别按照每生每年 400 元、200 元拨付, 2017 年分别按照每生每年 500 元、300 元拨付. 各市、县 (市、区) 现行的幼儿园生均公用经费财政拨款标准已高于自治区规定最低限额标准的, 应继续执行, 不得降低标准, 并逐步提高.

针对广西学前教育发展存在着投入不足、保障机制不完善、成本分担不合理等问题, 自治区财政厅会同教育厅制定并出台《广西公办幼儿园生均公用经费拨款标准》, 以填补广西公办幼儿园投入保障机制政策的空白. 公办幼儿园生均公用经费财政拨款标准的开支范围包括维持幼儿园正常运转所需开支的业务费、公务费、设备购置费、修缮费、教职工社会保险和其他属于公用性质的费用.

根据广西的实际情况, 城市、县级公办幼儿园生均公用经费财政拨款最低标准分别为每生每年 500 元、300 元, 其中, 城市公办幼儿园包括自治区本级、市本级公办幼儿园; 县级公办幼儿园包括设区市城区、县本级、镇区、乡村公办幼儿园. 自治区制定的幼儿园生均公用经费标准是最低限额标准, 有条件的市、县 (市、区) 可根据实际情况提高.

自治区教育厅提出, 各级政府要通过改革财政拨款模式, 逐步提高幼儿生均公用经费拨款标准. 同时, 要求各幼儿园应按照物价部门核定的收费标准收取保育教育费和住宿费. 各地不得将幼儿园收费收入代替本级财政应承担的幼儿园公用经费财政拨款. 严禁通过虚假注册幼儿学籍信息、隐瞒流失幼儿等方式套取、骗取财政资金.

1.2.5 研究意义

我们在总结前人研究成果的基础上提出自己的观点与想法, 建立广西幼儿教育生均成本的测算模型和预测模型, 并进行实证研究和理论研究. 生均成本的测算可以充实和完善教育经济学、学前教育学、高等教育学及其他有关教育对象的相关学科理论, 有益于多学科相关理论的交叉融合, 促进理论创新. 另外, 可为学校制定一个合理的收费标准, 为国家和社会对教育投资提供科学的依据, 使学前教育事业健康、快速的发展, 所以学前教育成本的测算具有重要的现实意义和理论研究意义.

1.3 高中教育

1.3.1 高中学校生均公用经费问题

高中阶段教育是联系基础教育与高等教育的桥梁和纽带, 也是决定教育成败的关键因素, 对实现全面建设小康社会的宏伟目标, 提高国民素质起着十分重要的作用. 近年来随着社会的不断进步, 义务教育阶段 "两免一补" 的全面推行, 高等教育由精英向大众化的转变, 高中教育中凸显出来的问题开始引起越来越多的关注. 本书主要研究高中教育的生均公用经费问题.

1.3.2 国外现状

从国际上看, 发达国家公共教育支出占 GDP 比重高于发展中国家, 经济发展水平越高, 比重也越大. 1995 年公共教育经费占 GDP 的比重世界平均为 5.2%, 发达国家为 5.5%, 发展中国家为 4.6%, 最不发达国家达到 3.6%, 而我国仅为 2.41%. 从人均教育支出角度来看, 以 1993 年数据为例, 世界平均人均教育支出为 22.9 美元, 发达国家为 108.9 美元, 发展中国家为 43 美元, 不发达国家为 8 美元, 我国为 10.77 美元.

1.3.3 国内现状

20 世纪 80 年代初, 在潘序伦老先生发表的《开展 "人才会计" 的研究》中, 提出了将学校看成是生产人才的工厂, 采用工厂成本会计核算的方法来计算单个学生、单个班级的培训费用. 最近的 10 年间, 许多学者对高中教育成本又有了更加深入的研究. 刘幼昕、张凌洋[24] 对普通高中教育成本分担做了深入的分析. 黄好[25] 对高中教育成本的计算提供了一些统计的指标. 张弘毅[26] 对高中教育的成本进行了量化的定义. 沈百福在《我国普通高中教育投入评价》一文中, 从教育经费分担比例、资源分配的地区差异和教育投入绩效等三个方面, 对 2002 年到 2007 年我国普通高中教育投入进行评价. 李芙蓉在《我国普通高中教育投入现状分析》中指出普通高中个人分担的成本比例仍然偏高, 导致 "高中致贫" 现象. 彭湃和陈文娇在《我国普通高中教育成本分担研究 —— 理论、实证分析与政策建议》中对高中教育的准公共产品性质、高中教育的个人与社会收益率、高中教育的基础教育属性、高中教育的公平价值追求、政府与个人分担比例、经费支出结构及变化、学杂费支出等方面进行了理论研究和实证研究. 李亚勃、沈百福在《公办普通高中教育投入的地区差异分析》中通过分析我国普通高中教育经费、学费以及生均经费指数, 发现不仅东、中、西地区之间教育投入不平衡, 而且地区内部, 尤其是西部地区内部教育投入差距巨大. 普通高中生均教育经费存在明显的地区差距且有进一步拉大的趋势. 需要各级政府采取积极措施增加投入、加大转移支付、建立贫困学生资助体系, 促进我国普通高中健康发展.

2007 年, 全国地方普通高中教育经费总投入达到 1385 亿元, 比 2002 年增长 123.3%, 年均增长 17.4%. 其中西部地区增长速度最快, 总投入为 289 亿元, 比 2002 年增长 156.7%, 年均增长 20.8%; 中部地区普通高中教育经费总投入为 438 亿元, 比 2002 年增长 135.4%, 年均增长 18.7%; 东部地区普通高中教育经费总投入为 658 亿元, 比 2002 年增长 107.4%, 年均增长 15.7%. 西部地区的年均增长高于东部和中部地区. 2014 年, 全国教育经费总投入为 32806.46 亿元, 比上年的 30364.72 亿元增长 8.04%. 其中, 全国普通高中为 9024.96 亿元, 比 2013 年的 8448.14 亿元增长 6.83%. 增长最快的是天津市 (42.58%). 可以看出我国普通高中教育的总投入不断提高, 各个地区都有所发展, 而且中西部地区经费投入的增长速度高于东部, 有助于改善地区间的不平衡.

1.3.4　广西高中教育生均成本的现状

2001 年, 在《国务院关于基础教育改革与发展的决定》中提出将大力发展高中教育. 2012 年, 广西有 540 所普通高中学校, 在校人数达到了 79.58 万人. 2008 年, 党的十七大报告郑重提出 "加快普及高中阶段教育" 的战略任务. 从 1995 年到 2012 年, 广西普通高中招生人数从 7.84 万人发展到 29.28 万人, 在校人数从 20.93 万人发展到 79.58 万人. 广西普通高中的教育俨然已形成了一个规模宏大、极速发展的教育系统. 2014 年广西教育发展大会指出: 在 2014 年至 2017 年这 4 年间, 计划总投入 1018.8 亿元, 实施教育八大工程. 总体目标是新建幼儿园、义务教育学校、普通高中共 1010 所, 另外改造扩建一批学校等. 从这里我们可以看出, 未来几年, 广西对于教育的投入将会继续加大. 同时随着学校的扩建, 进一步巩固了广西教育的发展, 这对于广西高中教育的发展有着深远的影响. 因此, 广西高中教育生均成本的测算势在必行.

1.3.5   研究意义

准确提供成本信息, 优化资源配置, 通过对广西普通高中学校生均教育培养成本问题的研究, 从中寻找出降低成本、减少浪费的方案, 进而达到广西普通高中学校教育资源配置得到充分、合理利用, 优化资源配置的目的. 提高高校管理水平, 控制教育培养成本, 增强高校竞争力. 普通高中学校的竞争既要求讲究社会效益, 又要求讲究经济效益, 只有通过成本核算, 以最少投入来达到最大产出, 合理使用资源、资金, 提高学校的教育质量、管理水平和经济效益, 才能在激烈的市场竞争中立于不败之地, 为政府财政拨款及制定教育收费标准提供科学根据.

1.4   国内外对生均公用成本的研究现状

1.4.1   国外对生均公用成本的研究现状

国外学者对教育成本的研究起步较早, 主要从教育成本的本质、项目构成、分类与核算来研究. 近年来又着手研究教育成本的分担理论, 在这方面取得辉煌成果的人物有约翰、舒尔茨、科恩等. 文献 [33]—[35] 对教育成本概念的界定有所区别, 但本质相同, 基本上是把教育成本看作教育经费, 它分成两部分: 直接成本和间接成本. 直接成本指学校提供教育服务的成本, 间接成本指学生为上学付出的成本, 但两者的划分并没有科学依据, 仍需进一步探讨. 严格来说, 他们对教育成本的概念界定是不一致的, 项目构成与核算方法也是不统一的, 计算得出的成本有很大差别, 而且对教育成本的研究缺乏理论依据, 不够科学、严谨. 在教育成本核算方面, 舒尔茨、科恩等人曾用统计抽样数据来估算教育成本, 也曾有研究者应用数量计量学、作业成本法, 核算某学校的教育成本, 但是对生均公用成本的预测却缺乏具体的、深入的研究.

1.4.2   国内对生均公用成本的研究现状

关于教育成本本质内涵的研究, 我国起步较晚, 但教育研究者们也有不小的成果. 早在 1980 年, 潘序伦提出把学校看作生产人才的工厂, 应采取工厂成本会计的方法, 核算某一科系、某一班级、某一学生的培训经费[36], 基于原有的理论, 进一步完善教育成本内涵. 王善迈详细指出教育成本是用于培养学生所消耗的教育资源的价值, 或者是以货币形态表现的, 为培养学生而由社会和个人或家庭直接或间接支付的全部费用[37]. 袁连生和王善迈的看法大致相同, 他提出教育成本的本质是: 学生接受教育服务所消耗的资源价值, 既包括货币支出的教育资源的价值, 即教育的实支成本, 也包括因资源用于教育而造成的价值损失, 即教育的机会成本[38].

关于教育成本的核算方法, 郑玲[39] 提出了一种规范的数学模型, 选取教职工人数和在校生人数作为解释变量, 把教育成本作为被解释变量, 运用线性回归模型对高校教育成本进行预测, 建立以下预测模型: $Y = \beta_0 + \beta_1 X_1 + \beta_2 X_2$. 其中 Y —— 高校教育成本, β_0 —— 高校教育成本中的固定成本部分, β_1 —— 每个教职工负担的高校教育成本, β_2 —— 每个在校生负担的高校教育成本.

王普伟在文献 [40] 中, 先把教育成本核算分成教育成本计算和教育费用核算两部分, 确定核算对象、核算范围、会计科目和分配原则等, 然后用作业成本法、会计核算法和会计调整法核算教育成本, 再将这三种方法进行对比分析, 选择合适的处理方法. 此类计算方法适用于各行各业, 但是计算时所需的数据量大, 而收集、整理和汇总数据的难度很大, 容易造成偏差. 再者, 三种核算方法的理论在我国还不成熟, 还需进一步研究.

由于时代的需求和教育发展趋势, 教育体制的改革, 国内外学者对教育成本进行深入研究, 而且有了辉煌的成果, 教育成本概念、项目构成越来越明确, 核算方法越来越多, 如会计调整法、会计核算法、作业成本法、抽样调查、统计调查法和标准成本法等, 或建立线性回归模型、灰色预测模型来预测教育成本. 然而, 生均公用成本的预测在国内同样缺乏具体、深入的研究.

1.4.3 文献综述总评

在研究大量教育成本的文献资料中, 很少发现有学者研究高中教育生均成本问题, 而高中教育生均成本问题是现在社会急需解决的难点、热点问题. 因此, 研究高中教育生均成本问题有着重要价值.

综上所述, 尽管国内外研究者对教育成本的界定各有不同, 但对教育成本的本质内涵是一致的, 即受教育者在接受教育服务过程所消耗的资源价值, 包括实支成本与机会成本. 但由于教育成本概念的界定、构成项目、核算方法不一致, 导致计量结果出现很大偏差. 教育成本核算与实际偏差很大, 就不能明确知道政府该拨多少经费给学校, 学校教育经费该如何合理分配使用, 因此对生均公用成本进行预测是很有必要的. 然而人们一直在这一领域不断地探究, 暂时还未得出比较合理又科学的计量方法, 所以我们的研究有理论意义和现实意义.

第2章 预备知识

2.1 研究内容与方法

2.1.1 研究内容

当前,社会各界越来越重视教育,因为它是一个国家发展壮大的重要枢纽.为实现国泰民安和公平教育,国家对教育经费的投入有增无减,但教育经费的分配与使用仍存在问题.为实现资源优化配置,降低成本投入,提高经费利用率,我们对广西教育成本进行了调查研究,分析了影响教育成本的构成项目和预测教育成本;通过向广西各相关学校发放《广西特殊教育学校生均公用经费调查表》《广西幼儿园生均公用经费调查表》和《广西公办高中教育学校生均公用经费调查表》进行问卷调查,并查阅《广西教育经费统计资料》等统计年鉴收集相关数据,合理地建立了教育成本预测模型,计算与预测特殊教育、幼儿教育和高中教育的生均成本,为政府合理地分配、利用教育资源提供理论依据.

2.1.2 研究方法

(1) 文献研究法.通过查阅统计年鉴、数据库、期刊、图书等途径搜索关于特殊、幼儿、高中教育的发展现状、教育成本的文献,为建立广西特殊、幼儿、高中教育的成本预测模型做充分准备.

(2) 统计调查法.通过问卷调查收集近几年广西特殊、幼儿和高中教育的相关数据,建立特殊、幼儿、高中教育的成本预测模型.

2.2 生均成本预测模型

2.2.1 曲线回归模型的原理

回归预测法是预测学中最基本的方法,是处理自变量和因变量之间

相关关系的一种数理统计方法, 是分析时间序列最常见的方法之一. 通常
以时间 t 为自变量, 要观察的变量为因变量 y, 建立 y 关于 t 的回归方程,
并将回归方程作为预测模型[41-42]. 根据 y 与 t 之间所存在的关系不同,
可以分为直线回归模型和曲线回归模型. 通过绘制两个变量之间的散点
图可以确定是直线回归还是曲线回归, 若散点图大致呈直线关系, 则建立
直线回归预测; 若散点图呈曲线关系, 那么就应建立曲线回归预测.

我们根据特殊、幼儿、高中教育生均成本, 并且生均成本 y 与年份 t
之间有较强的正相关性, 符合回归预测的条件, 因此, 我们利用生均成本
y 与年份 t 之间的关系, 运用 SPSS20.0 统计软件, 建立 y 与 t 之间的函数
方程, 然后进行参数估计和显著性检验, 最后用该回归方程预测出其预测
值. 根据这个原理, 生均成本 y 与年份 t 可以形成二次曲线、三次曲线、
复合曲线、增长曲线、对数模型、S 曲线、指数曲线、逆模型、幂模型等
9 种曲线回归预测模型进行生均成本的预测分析, 如表 2-1 所示:

表 2-1　回归预测模型

模型名	回归方程
二次曲线	$y = \beta_0 + \beta_1 t + \beta_2 t^2$
复合曲线	$y = \beta_0 + \beta_1^t$
增长曲线	$y = e^{\beta_0 + \beta_1 t}$
对数模型	$y = \beta_0 + \beta_1 \ln(t)$
三次曲线	$y = \beta_0 + \beta_1 t + \beta_2 t^2 + \beta_3 t^3$
S 曲线	$y = e^{\beta_0 + \frac{\beta_1}{t}}$
指数曲线	$y = \beta_0 e^{\beta_1 t}$
逆模型	$y = \beta_0 + \dfrac{\beta_1}{t}$
幂模型	$y = \beta_0(t^{\beta_1})$

由于曲线回归预测模型的类型较多, 导致很难选择用哪种方法来预
测, 不同的模型预测出的结果也会不同, 且在精度、可靠性方面都不相同.
因此, 为了提高预测的精度, 可以使用曲线拟合度分析方法, 这有利于在

具体预测决策过程中选择比较适当的回归预测方法, 从而提高预测的准确性和可靠性[43]. 我们运用 SPSS20.0 统计分析软件, 得出各种曲线的拟合度及评价指标, 然而回归预测法的拟合度是通过 R^2 的大小来判断, 这个判断方法已经被证实过是符合实际的[44,45], R^2 越大说明该模型的拟合效果越好. 因此, 通过比较 R^2 的大小, 选取出拟合度较好的预测模型.

2.2.2 灰色预测模型

2.2.2.1 灰色预测的简介

灰色系统就是介于白色系统与黑色系统之间的过渡系统, 白色系统是掌握系统的全部信息, 黑色系统是系统信息全部未知, 那么灰色系统就是部分信息已知、部分信息未知. 灰色预测是建立数学模型并作出预测的一种方法, 对数据的要求不严, 只要知道过去或现在部分数据, 即可根据其发展规律借用灰色预测对未来进行科学的预测. 灰色预测模型运算方便、建模精度高、所需数据少, 广泛应用于各个预测领域, 能有效地处理小样本预测问题. 接下来我们用灰色预测对未来几年的生均成本进行科学预测.

2.2.2.2 灰色预测的原理

在灰色系统理论的创立和发展过程中, 邓聚龙教授发现并总结出了灰色系统的六个基本原理.

(1) 差异信息原理. 差异就是信息, 凡信息必有差异, 我们说两件事物不同, 即含有一事物对另一事物之特殊性有关信息. 客观世界中万事万物之间的差异为我们提供了认识世界的基本信息. 科学研究中的重大突破为人们提供了认识世界、改造世界的重要信息, 这类信息与原来的信息必有差异. 信息的含量越大, 它与原信息的差异就越大.

(2) 解的非唯一性原理. 信息不完全、不确定的解是非唯一的, 由于系统信息的不确定性, 不可能存在精确的唯一解. 在面对多种可能的解时, 能够通过定性分析, 补充信息, 确定出一个或几个满意解. 因此, "非唯一性" 的求解途径是定性分析与定量分析相结合的求解途径.

(3) 最少信息原理. 灰色系统理论的特点是充分开发利用已占有的最少信息, 研究小样本信息不确定性问题, 所获得的信息量是判断灰与非灰的分水岭, 充分开发利用已占有的 "最少信息" 是灰色系统理论解决问题的基本思路.

(4) 认知根据原理. 信息是认知的根据, 认知必须以信息为依据, 没有信息, 无以认知, 以完全确定的信息为根据, 可以获得完全确定的认知, 以不完全不确定的信息为根据, 只能获得不完全确定的灰认知.

(5) 新信息优先原理. 新信息认知的作用大于旧信息, 直接影响系统未来趋势, 对未来发展起主要作用的主要是现在的信息, "新信息优先原理" 是信息时效性的具体体现.

(6) 灰性不灭原理. 信息不完全是绝对的, 信息不完全、不确定具有普遍性, 信息完全是相对的、暂时的. 原有的不确定性消失, 新的不确定性很快出现. 人类对客观世界的认识, 通过信息的不断补充而一次又一次地升华, 信息无穷尽, 认知无穷尽, 灰性永不灭.

2.2.2.3 灰色预测的模型

灰色系统提供了充分利用已知信息且尽量考虑未知信息来处理灰色问题的理论和应用的工具. 灰色系统研究的是 "部分信息明确, 部分信息未知" 的 "小样本, 贫信息" 不确定性系统, 它通过对已知 "部分" 信息的生成去开发、了解、认识现实世界, 着重研究 "外延明确, 内涵不明确" 的对象. 灰色系统理论的实质是将无规律的原始数据进行累加生成, 得到规律性较强的生成数列后再重新建模, 由生成模型得到的数据再通过累加生成的逆运算累减生成得到还原模型, 由还原模型作为预测模型.

在灰色系统中, 原始数据往往由于噪音污染而呈现随机离乱的情形. 如果此时将这种灰色数列变换或生成为较有规律的数列再建立微分方程, 在灰色系统理论中称这种近似的模型为灰色微分方程模型, 简称灰色模型, 记为 GM(Grey Model).

作为灰色系统理论核心和基础的灰色模型 GM, 概括而言具有以下三个特点.

(1) 建模所需信息较少;

(2) 不必知道原始数据分布的先验特征, 对无规则或不服从任何分布的任意光滑离散的原始序列, 通过有限次的生成即可转化成为有序序列;

(3) 建模的精度较高, 可保持原系统的特征, 能较好地反映系统的实际状况.

对于小样本预测, 目前主要的方法有马尔可夫模型及灰色预测模型. 虽然马尔可夫模型需要的数据量小, 但是计算的准确率偏低而存储复杂度偏高. 灰色预测模型主要通过对原始数据的累加生成序列建立指数模型来实现数据预测, 其中 GM(1,1) 模型是基础和核心, 但众多学者在应用该模型时, 发现模型的预测精度不稳定, 并为此做了大量的研究, 主要集中在:

(1) 对建模的原始序列进行变换, 以增加离散数据的光滑度;

(2) 改进 GM(1,1) 模型中参数的计算方法及优化背景值的构造;

(3) 对模型残差的修正;

(4) 对建模方式进行改进, 并提出了扩展的 GM(1,1) 模型;

(5) 对 GM(1,1) 模型实用条件进行研究.

虽然这些优化措施在一定程度上提高了模型的预测精度, 但无法从本质上改变灰色模型仅从序列本身寻找数据变化规律进行预测这一特点, 这与回归模型存在本质上的区别.

灰色关联度是对序列之间关系紧密程度的量化, 这种紧密程度在几何上体现为数据序列所对应曲线的相似程度 (距离的相近性或者变化率的相似性), 在映射上表现为组成序列的数据之间满足一定的函数关系, 当某一序列改变时, 另一序列会在灰色关联度的约束下发生相应的变化, 其中蕴涵了数据变化的依赖关系, 通过这种关系建立模型从而实现对未知数据的预测, 反映了回归分析中从事物因果关系出发进行预测的基本观点, 体现了预测模型的 "回归" 特性.

我们通过灰色关联度建立序列之间的函数关系, 运用 GM(1,1) 模型对序列间关系的发展趋势进行预测. 由于模型中同时包含灰色关联度及

GM(1,1) 模型, 故称之为灰色组合预测模型. 该模型通过灰色关联度建立数据变化的函数依赖关系, 规避了多元回归分析中因变量与自变量间关系复杂建模难度大的缺陷; 另一方面, 运用回归分析基于事物因果关系的建模思想构建预测模型, 改变了传统灰色模型仅从数据本身寻找规律进行预测的不足.

灰色关联度以及 GM(1,1) 模型都有固定的程式进行模型的构建, 因此建模容易, 而传统的回归模型需要考虑自变量与因变量之间复杂的函数关系, 模型的构建难度较大; 其次, 灰色组合模型都属 "灰色建模", 具有灰色理论小样本建模的优点; 第三, 模型主要涉及的都是初等运算, 计算过程简单; 第四, 模型的构建源于事物之间因果关系, 体现了预测模型的 "回归" 特性, 具有传统回归模型预测精度较高的优点. 灰色组合预测模型是灰色系统理论对小样本数据在预测手段上的丰富和升华, 具有重要的理论价值和实用价值.

2.2.2.4 灰色预测模型的分类

灰色预测是用灰色模型 GM 进行的定量预测, 从其功能与特征可分为五类.

(1) 数列预测. 数列预测是对系统变量的未来行为进行预测, 常用的数列预测模型是 GM(1,1). 根据实际情况, 也可以考虑采用其他灰色模型. 在定性分析的基础上, 定义适当的序列算子, 对算子作用后的序列建立 GM 模型, 通过精度检验之后, 即可用来作预测.

(2) 区间预测. 对于原始数据非常离乱, 用什么模型模拟都难以通过精度检验的序列, 我们无法给出其确切的预测值. 这时, 可以考虑给出其未来变化的范围, 预测出它的取值区间.

(3) 灰色灾变预测. 灰色灾变预测实质上是异常值预测. 什么样的值算作异常值, 往往是人们凭经验主观确定的. 灰色灾变预测的任务是给出下一个或几个异常值出现的时刻, 以便人们提前准备, 采取对策.

(4) 波形预测. 当原始数据频频波动且摆动幅度较大时, 往往难以找到适当的模拟模型, 这时, 若区间预测所描述的变化范围的预测不能满足需要, 可以考虑根据原始数据的波形预测未来行为数据发展变化的波形, 这种预测称为波形预测.

(5) 系统预测. 对于含有多个相互关联的因素与多个自主控制变量的复杂系统, 任何单个模型都不能反映系统的发展变化, 必须考虑建立系统模型才能有效地预测.

对于一个具体问题, 究竟应该选择什么样的预测模型应以充分的定性分析结论为依据. 模型的选择不是一成不变的, 一个模型要经过多种检验才能判定其是否合理, 是否合格. 只有通过检验, 满足要求的模型才能用来做预测.

2.2.3 灰色预测 GM(1,1) 模型的原理及检验

2.2.3.1 GM(1,1) 模型的原理

GM(1,1) 是一阶变量的灰微分方程模型, 是灰色预测模型中常用的一种, 其建模原理如下:

设一组原始序列, 有 n 个观测值, $x^{(0)} = \left(x^{(0)}(1), x^{(0)}(2), \cdots, x^{(0)}(n)\right)$. 对原始序列做一阶累加, 生成一组新序列 $x^{(1)} = \left(x^{(1)}(1), x^{(1)}(2), \cdots, x^{(1)}(n)\right)$. 其中, $x^{(1)}(k) = \sum\limits_{i=1}^{k} x^{(0)}(i), k = 1, 2, 3, \cdots, n$. 接着做 $x^{(1)}$ 的一阶均值生成, 得

$$x = (x(2), x(3), \cdots, x(n)),$$

其中,

$$x(k) = \frac{-1}{2(x^{(1)}(k-1) + x^{(1)}(k))}, \quad k = 1, 2, 3, \cdots, n.$$

建立 GM(1,1) 模型的灰色微分方程

$$\frac{\mathrm{d}x^{(1)}}{\mathrm{d}t} + ax^{(1)} = u,$$

解微分方程得

$$\hat{x}^{(1)}(k+1) = \left(x^{(0)}(1) - \frac{u}{a}\right) \mathrm{e}^{-ak} + \frac{u}{a}, \quad k = 1, 2, \cdots, n.$$

式中 a, u 由最小二乘法求得

$$\hat{a} = \begin{bmatrix} a \\ u \end{bmatrix} = \left(B^{\mathrm{T}} \quad B\right)^{-1} Y_n$$

其中,

$$B = \begin{bmatrix} -x(2) & 1 \\ -x(3) & 1 \\ \vdots & \vdots \\ -x(n) & 1 \end{bmatrix}, \quad Y_n = \begin{bmatrix} x^{(0)}(2) \\ x^{(0)}(3) \\ \vdots \\ x^{(0)}(n) \end{bmatrix}$$

通过累减还原法得出原始数据 $x^{(0)}$ 的预测模型:

$$\hat{x}^{(0)}(k+1) = (1 - \mathrm{e}^a)\left(x^{(0)}(1) - \frac{u}{a}\right)\mathrm{e}^{-ak}, \quad k = 1, 2, \cdots, n.$$

2.2.3.2 GM(1,1) 模型检验

灰色预测 GM(1,1) 模型检验有: 残差检验、关联度检验和后验差检验, 一般采取这三种方法来检验 GM(1,1) 模型的精度.

(1) 残差检验, 即对模型值和实际值的残差进行逐点检验, 首先按模型计算 $\hat{x}^{(1)}(i+1)$, 将 $\hat{x}^{(1)}(i+1)$ 累减生成 $\hat{x}^{(0)}(i)$, 最后计算原始序列 $x^{(0)}(i)$ 与 $\hat{x}^{(0)}(i)$ 的绝对残差序列

$$\Delta^{(0)} = \{\Delta^{(0)}(i), i = 1, 2, \cdots, n\}, \quad \Delta^{(0)}(i) = \left|x^{(0)}(i) - \hat{x}^{(0)}(i)\right|$$

及相对残差序列

$$\varepsilon = \{\varepsilon_i, i = 1, 2, \cdots, n\}, \quad \varepsilon_i = \left[\frac{\Delta^{(0)}(i)}{x^{(0)}(i)}\right]\%,$$

并计算平均相对残差

$$\overline{\varepsilon} = \frac{1}{n}\sum_{i=1}^{n}\varepsilon_i.$$

给定 α, 当 $\overline{\varepsilon} < \alpha$, 且 $\varepsilon_i < \alpha$ 成立时, 称模型为残差合格模型.

(2) 关联度检验, 即通过考察模型值曲线和建模序列曲线的相似程度进行检验. 按前面所述的关联度计算方法, 计算出 $\hat{x}^{(0)}(i)$ 与原始序列 $x^{(0)}(i)$ 的关联系数, 然后算出关联度, 根据经验, 关联度大于 0.6 便是满意.

(3) 后验差检验, 即对残差分布的统计特性进行检验.

(a) 计算出原始序列的平均 $\hat{x}^{(0)} = \dfrac{1}{n} \sum\limits_{i=1}^{n} x^{(0)}(i)$ 值.

(b) 计算原始序列 $x^{(0)}$ 的均方差:

$$S_1 = \left(\frac{\sum\limits_{i=1}^{n} \left[x^{(0)}(i) - \overline{x}^{(0)} \right]^2}{n-1} \right)^{\frac{1}{2}}.$$

(c) 计算残差的均值:

$$\hat{\Delta} = \frac{1}{n} \sum_{i=1}^{n} \Delta^{(0)}(i).$$

(d) 计算残差的均方差:

$$S_2 = \left(\frac{\sum\limits_{i=0}^{n} \left[\Delta^{(0)}(k) - \hat{\Delta} \right]^2}{n-1} \right)^{\frac{1}{2}}.$$

(e) 计算方差比:

$$C = \frac{S_2}{S_1}.$$

(f) 计算小残差概率:

$$P = P\left\{ \left| \Delta^{(0)}(i) - \hat{\Delta} \right| < 0.6745 S_1 \right\}.$$

令 $S_0 = 0.6745 S_1$, $e_i = \left| \Delta^{(0)}(i) - \hat{\Delta} \right|$, 即 $P = P\{e_i - S_0\}$, 若对于给定的 $C_0 > 0$, 当 $C < C_0$ 时, 称模型为均方差比合格模型; 若对给定的

$P_0 > 0$, 当 $P > P_0$, 称模型为小残差概率合格模型.

精度等级	一	二	三	四
P	> 0.95	> 0.8	> 0.7	$<= 0.7$
C	< 0.35	< 0.5	< 0.65	$>= 0.65$

GM(1,1) 模型的精度检验由 P 和 C 的值决定, 精度等级越小越好, 精度一级就表示预测具有很高的精度, 四级表示不通过. 如果残差检验、关联度检验、后验差检验都能通过, 则可以用所建立的模型进行预测. 如果不能通过, 则要进行残差修正, 以提高模型的精度.

2.3　缺失值的几类处理方法

2.3.1　缺失值介绍

在实际问题的研究中, 常常会出现统计数据不完整, 即缺失数据的情况. 比如在统计调查中, 尤其是抽样调查应用的领域越来越多, 调查中出现缺失数据已经成为一种不可避免的现象. 缺失数据又称不完整数据, 一般指数据传输或采集过程中的错误、空值、不符合要求或超出范围的值.

(1) 缺失值产生的原因. 缺失值产生的原因多种多样, 主要分为机械原因和人为原因. 机械原因是由于机械原因导致的数据收集或保存的失败造成的数据缺失, 比如数据存储的失败、存储器损坏、机械故障导致某段时间数据未能收集 (对于定时数据采集而言). 人为原因是由于人的主观失误、历史局限或有意隐瞒造成的数据缺失, 比如, 在市场调查中被访人拒绝透露相关问题的答案, 或者回答的问题是无效的, 数据录入人员失误漏录了数据.

(2) 缺失值的类型. 从缺失的分布来讲可以分为完全随机缺失、随机缺失和完全非随机缺失. 完全随机缺失 (Missing Completely At Random, MCAR) 指的是数据的缺失是随机的, 数据的缺失不依赖于任何不完全变量或完全变量. 随机缺失 (Missing At Random, MAR) 指的是数据的缺失不是完全随机的, 即该类数据的缺失依赖于其他完全变量. 完全非随机

缺失 (Missing Not At Random, MNAR) 指的是数据的缺失依赖于不完全变量自身.

从缺失值的所属属性上讲, 如果所有的缺失值都是同一属性, 那么这种缺失成为单值缺失, 如果缺失值属于不同的属性, 称为任意缺失. 另外对于时间序列类的数据, 可能存在随着时间的缺失, 这种缺失称为单调缺失.

(3) 缺失值的处理方法. 对于缺失值的处理, 从总体上来说分为删除存在缺失值的个案和缺失值插补. 对于主观数据, 人将影响数据的真实性, 存在缺失值的样本的其他属性的真实值不能保证, 那么依赖于这些属性值的插补也是不可靠的, 所以对于主观数据一般不推荐插补的方法. 插补主要是针对客观数据, 它的可靠性有保证.

(a) 删除含有缺失值的个案, 主要有简单删除法和权重法. 简单删除法是对缺失值进行处理的最原始方法. 它将存在缺失值的个案删除. 如果数据缺失问题可以通过简单的删除小部分样本来达到目标, 那么这个方法是最有效的. 当缺失值的类型为非完全随机缺失的时候, 可以通过对完整的数据加权来减小偏差. 把数据不完全的个案标记后, 将完整的数据个案赋予不同的权重, 个案的权重可以通过 logistic 或 probit 回归求得. 如果解释变量中存在对权重估计起决定性因素的变量, 那么这种方法可以有效减小偏差. 如果解释变量和权重并不相关, 它并不能减小偏差. 对于存在多个属性缺失的情况, 就需要对不同属性的缺失组合赋不同的权重, 这将大大增加计算的难度, 降低预测的准确性, 这时权重法并不理想.

(b) 可能值插补缺失值. 在数据挖掘中, 面对的通常是大型的数据库, 它的属性有几十个甚至几百个, 因为一个属性值的缺失而放弃大量的其他属性值, 这种删除是对信息的极大浪费, 所以产生了以可能值对缺失值进行插补的思想与方法. 常用的有如下几类方法.

2.3.2 几类处理方法

(1) 均值插补. 数据的属性分为定距型和非定距型. 如果缺失值是定

距型的, 就以该属性存在值的平均值来插补缺失的值; 如果缺失值是非定距型的, 就根据统计学中的众数原理, 用该属性的众数 (即出现频率最高的值) 来补齐缺失的值.

(2) 利用同类均值插补. 同均值插补的方法都属于单值插补, 不同的是, 它用层次聚类模型预测缺失变量的类型, 再以该类型的均值插补. 假设 $X = (X_1, X_2, \cdots, X_p)$ 为信息完全的变量, Y 为存在缺失值的变量, 那么首先对 X 或其子集行聚类, 然后按缺失个案所属类来插补不同类的均值. 如果在以后统计分析中还需以引入解释变量和 Y 做分析, 那么这种插补方法将在模型中引入自相关, 给分析造成障碍.

(3) 极大似然估计 (Max Likelihood, ML). 在缺失类型为随机缺失的条件下, 假设模型对于完整的样本是正确的, 那么通过观测数据的边际分布可以对未知参数进行极大似然估计 (Little, Rubin). 这种方法也被称为忽略缺失值的极大似然估计, 对于极大似然的参数估计实际中常采用的计算方法是期望值最大化 (Expectation Maximization, EM). 该方法比删除个案和单值插补更有吸引力, 它的一个重要前提是适用于大样本. 有效样本的数量足够保证 ML 估计值是渐近无偏的并服从正态分布, 但是这种方法可能会陷入局部极值, 收敛速度也不是很快, 并且计算很复杂.

(4) 多重插补 (Multiple Imputation, MI). 多值插补的思想来源于贝叶斯估计, 认为待插补的值是随机的, 它的值来自于已观测到的值. 具体实践上通常是估计出待插补的值, 然后再加上不同的噪声, 形成多组可选插补值. 根据某种选择依据, 选取最合适的插补值.

多重插补方法分为三个步骤: 第一步, 为每个空值产生一套可能的插补值, 这些值反映了无响应模型的不确定性; 每个值都可以被用来插补数据集中的缺失值, 产生若干个完整数据集合. 第二步, 每个插补数据集合都用针对完整数据集的统计方法进行统计分析. 第三步, 对来自各个插补数据集的结果, 根据评分函数进行选择, 产生最终的插补值.

假设一组数据, 包括三个变量 Y_1, Y_2, Y_3, 它们的联合分布为正态分布, 将这组数据处理成三组, A 组保持原始数据, B 组仅缺失 Y_3, C 组缺

失 Y_1 和 Y_2. 在多值插补时, 对 A 组将不进行任何处理, 对 B 组产生 Y_3 的一组估计值 (作 Y_3 关于 Y_1, Y_2 的回归), 对 C 组作产生 Y_1 和 Y_2 的一组成对估计值 (作 Y_1, Y_2 关于 Y_3 的回归).

当用多值插补时, 对 A 组将不进行处理, 对 B, C 组将完整的样本随机抽取形成为 m 组 (m 为可选择的 m 组插补值), 每组个案数只要能够有效估计参数就可以了. 对存在缺失值的属性的分布作出估计, 然后基于这 m 组观测值, 对于这 m 组样本分别产生关于参数的 m 组估计值, 给出相应的预测值, 这时采用的估计方法为极大似然法, 在计算机中具体的实现算法为期望最大化法 (EM). 对 B 组估计出一组 Y_3 的值, 对 C 组将利用 Y_1, Y_2, Y_3 的联合分布为正态分布这一前提, 估计出一组 (Y_1, Y_2).

上例中假定了 Y_1, Y_2, Y_3 的联合分布为正态分布. 这个假设是人为的, 但是已经通过验证[46], 非正态联合分布的变量, 在这个假定下仍然可以估计到很接近真实值的结果.

多重插补和贝叶斯估计的思想是一致的, 但是多重插补弥补了贝叶斯估计的几个不足: 贝叶斯估计以极大似然的方法估计, 极大似然的方法要求模型的形式必须准确, 如果参数形式不正确, 将得到错误的结论, 即先验分布将影响后验分布的准确性. 而多重插补所依据的是大样本渐近完整的数据的理论, 在数据挖掘中的数据量都很大, 所以先验分布对结果的影响不大. 贝叶斯估计仅要求知道未知参数的先验分布, 没有利用与参数的关系. 而多重插补对参数的联合分布作出了估计, 利用了参数间的相互关系.

以上四种插补方法, 对于缺失值的类型为随机缺失的插补有很好的效果. 两种均值插补方法是最容易实现的, 也是以前人们经常使用的, 但是它对样本存在极大的干扰, 尤其是当插补后的值作为解释变量进行回归时, 参数的估计值与真实值的偏差很大. 相比较而言, 极大似然估计和多重插补是两种比较好的插补方法, 与多重插补对比, 极大似然缺少不确定成分, 所以越来越多的人倾向于使用多值插补方法.

2.4   小   结

插补处理只是将未知值补以我们的主观估计值, 不一定完全符合客观事实. 以上的分析都是理论分析, 对于缺失值由于它本身无法观测, 不可能知道它的缺失所属类型, 也就无从估计一个插补方法的插补效果. 另外, 这些方法通用于各个领域, 具有普遍性, 那么针对一个领域的专业插补效果就不会很理想, 正是因为这个原因, 很多专业数据挖掘人员通过他们对行业的理解, 手动对缺失值进行插补的效果反而可能比这些方法更好. 缺失值的插补是在数据挖掘过程中为了不放弃大量的信息, 而采用的人为干涉缺失值的情况, 无论是哪种处理方法都会影响变量间的相互关系, 在对不完备信息进行补齐处理的同时, 我们或多或少地改变了原始数据的信息系统, 这对以后的分析存在潜在的影响, 所以对缺失值的处理一定要慎重.

第3章　广西特殊教育学校生均公用经费的预测

3.1　广西特殊教育学校生均公用经费使用结构分析情况

3.1.1　特殊教育生均公用支出

根据《广西特殊教育生均公用经费调查表》获得的数据,可以计算出每年的公用经费 $y=$ 公务费 $+$ 业务费 $+$ 设备购置费 $+$ 修缮费 $+$ 其他费用,生均公用经费 $Y=y/X$, X 为该年学生总人数.

生均公用经费包括五大功能支出:公务费(包括办公费、水电费、邮电费、交通差旅费、接待费、劳务费、会议费、其他公务费等)、业务费(包括实验等专用材料费、教育活动费、文体活动费、宣传教育费、网络运营费和其他业务费等)、设备购置费(包括办公设备购置费、教学专用设备购置费、图书资料购置费、其他购置费用等)、仪器房屋维修维护费(包括仪器维护维修费用和房屋、建筑物日常修缮费两个方面)以及其他费用(主要包括教师培训费、卫生保健费、安保费用、其他费用等). 各年度五大功能性支出额度及在总公用经费中所占的百分比情况如表 3-1 和图 3-1—图 3-5 所示.

表 3-1　特殊教育生均公用支出及五大功能性支出情况　　　(单位: 元)

年份	生均公用经费	公务费小计	业务费小计	设备购置费小计	仪器房屋维护维修费用小计	其他费用小计
2011	1918.40	2754333.07	427724.20	1001939.18	1441926.42	1229375.50
2012	2120.61	3115386.04	456336.75	1425632.97	1515785.24	1702252.86
2013	2531.63	3954609.10	550389.66	1552647.95	2051620.47	1597365.44
2014	3103.21	5896588.60	918111.81	3531285.35	3274443.03	3169167.30

从图 3-1 中可以看出,特殊教育学校生均公用经费主要支出项目为公务费,其次是仪器房屋维护维修费、设备购置费及其他费用,而业务费则支出最少.

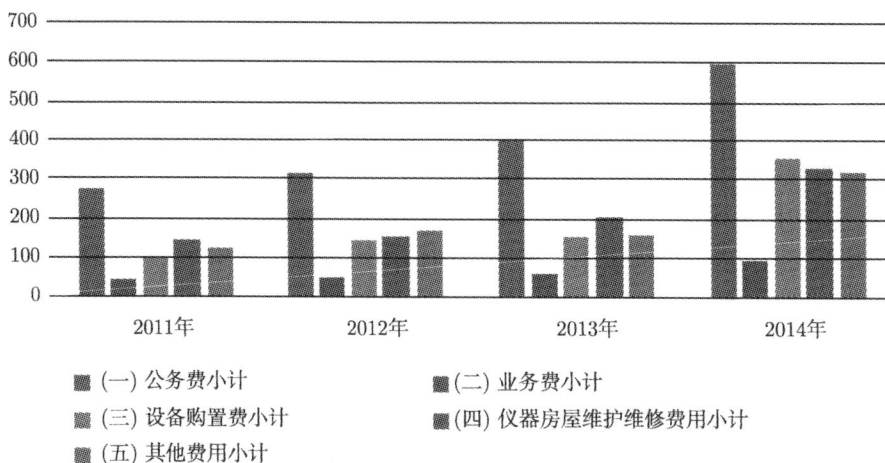

图 3-1 2011—2014 年生均公用经费五大功能支出图/万元 (文后附彩图)

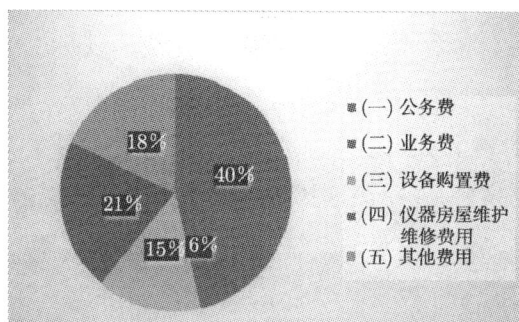

图 3-2 2011 年五大功能支出生均支出比例图 (文后附彩图)

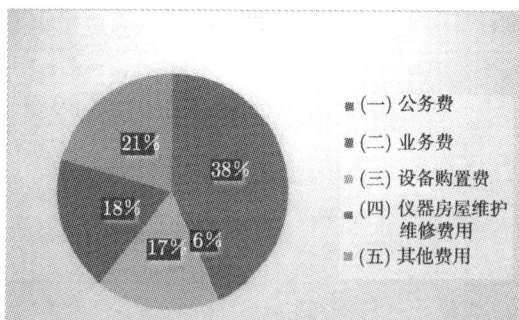

图 3-3 2012 年五大功能支出生均支出比例图 (文后附彩图)

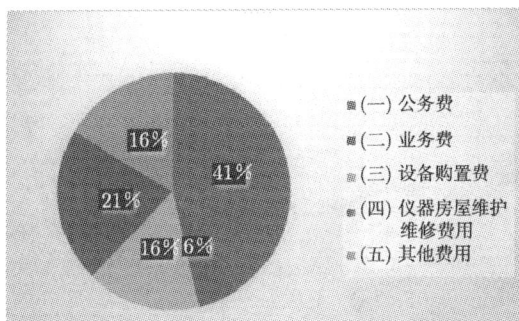

图 3-4 2013 年五大功能支出生均支出比例图 (文后附彩图)

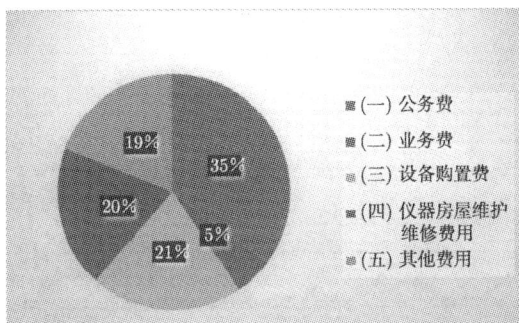

图 3-5 2014 年五大功能支出生均支出比例图 (文后附彩图)

3.1.2 特教公用经费各细目支出分布情况

我们求出所有支出项目占支出总数的百分比后, 再统计特殊教育的所有细目支出情况, 结果如图 3-6—图 3-10 所示.

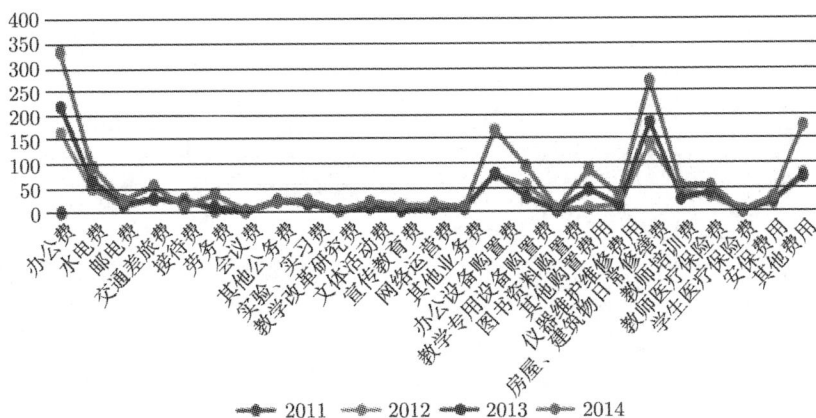

图 3-6 2011—2014 年各支出细目图/万元

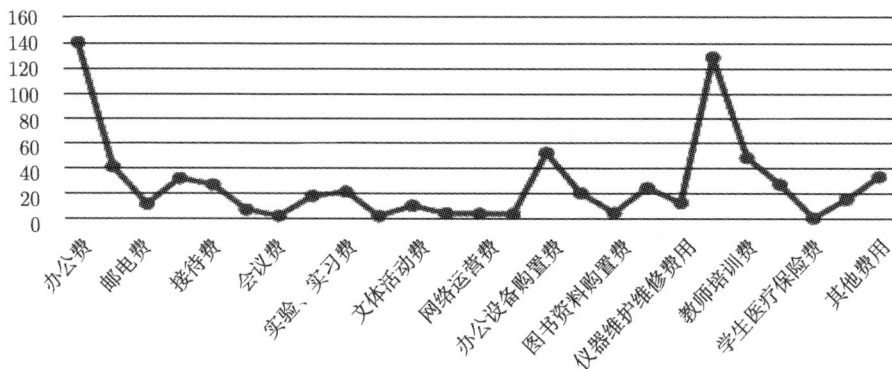

图 3-7　　2011 年支出细目图/万元

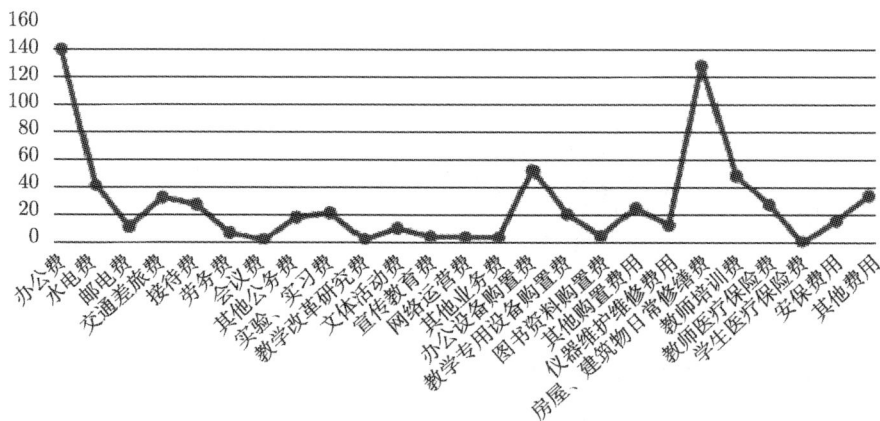

图 3-8　　2012 年支出细目图/万元

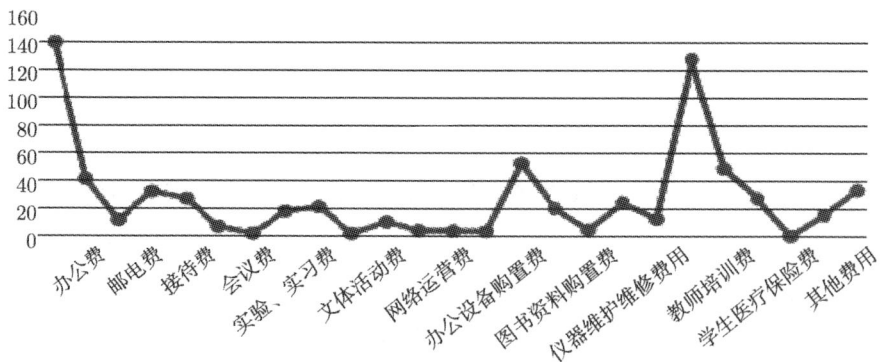

图 3-9　　2013 年支出细目图/万元

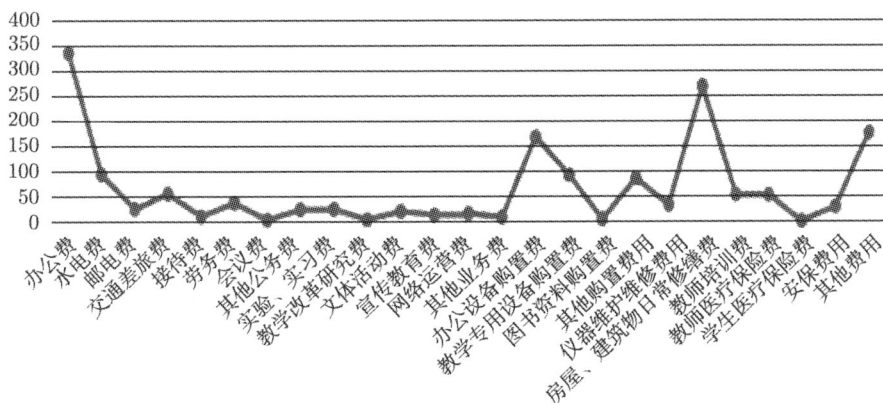

图 3-10　2014 年支出细目图/万元

3.2　特殊教育公用经费差异分析

3.2.1　公用经费方差分析

利用 SPSS20.0 软件对特殊教育公用经费进行方差分析与方差齐性检验, 结果如表 3-2、表 3-3 所示.

表 3-2　特殊教育公用经费各项数字特征描述

					均值的 95% 置信区间			
	N	均值	标准差	标准误	下限	上限	极小值	极大值
2011	10	67.706984	73.836047	23.349008	14.887858	120.526110	8.067114	249.710053
2012	10	80.799699	84.745004	26.798723	20.176775	141.422622	14.260000	273.227084
2013	10	96.551932	88.440424	27.967318	33.285464	159.818400	12.381200	297.514652
2014	10	160.895251	112.829317	35.679763	80.182019	241.608482	18.832800	388.576569
总数	40	101.488466	94.719323	14.976440	71.195757	131.781176	8.067114	388.576569

由表 3-2 可以看出广西 2011—2014 年年度特殊教育公用经费的均值、标准差、标准误、极小值和极大值等描述性信息.

表 3-3　方差齐性检验

公用经费			
Levene 统计量	df1	df2	显著性
0.792	3	36	0.507

方差齐性检验值 0.507 > 0.05, 通过检验. 再进行单因素方差分析, 结果如表 3-4 所示.

表 3-4　　单因素方差分析

	公用经费				
	平方和	df	均方	F	显著性
组间	51227.491	3	17075.830	2.058	0.123
组内	298670.768	36	8296.410		
总数	349898.259	39			

表 3-4 给出了方差分析的结果, 从表中我们可以看出组间平方和的 F 值为 2.058, 相应的概率值是 0.123, 大于显著性水平 0.05. 这说明尽管这几年特殊教育公用经费是逐年递增的, 然而并无显著的变化. 下面对公用经费进行多重比较, 结果如表 3-5 所示.

表 3-5 给出了多重比较的结果, 除了 2011 年和 2014 年有显著性差异, 其他都无显著性差异. 下面绘制公用经费投入均值图, 如图 3-11 所示.

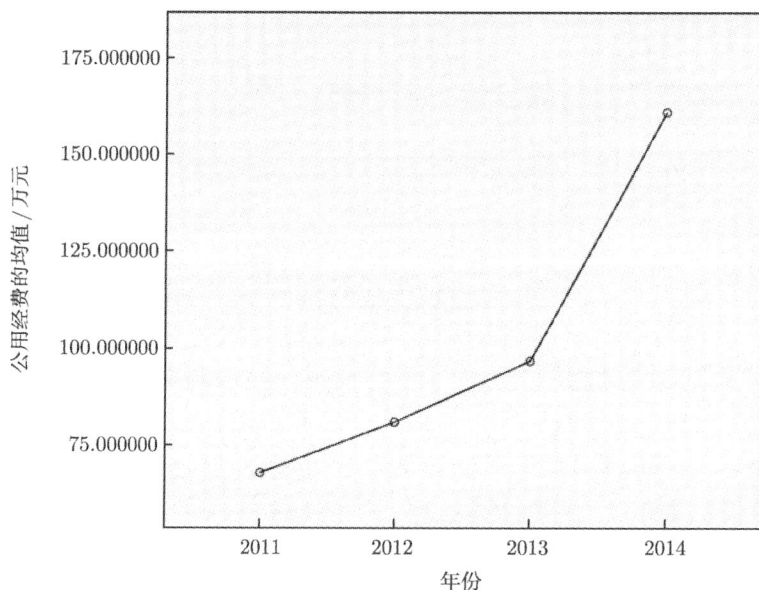

图 3-11　特殊教育公用经费均值图

表 3-5 多重比较

因变量: 公用经费

	(I) 年份	(J) 年份	均值差 $(I-J)$	标准误	显著性	95% 置信区间	
						下限	上限
LSD	2011	2012	−13.092714900	40.734285882	0.750	−95.70567573	69.52024593
		2013	−28.844948500	40.734285882	0.483	−111.45790933	53.76801233
		2014	−93.188267100	40.734285882	0.028	−175.80122793	−10.57530627
	2012	2011	13.092714900	40.734285882	0.750	−69.52024593	95.70567573
		2013	−15.752233600	40.734285882	0.701	−98.36519443	66.86072723
		2014	−80.095552200	40.734285882	0.057	−162.70851303	2.51740863
	2013	2011	28.844948500	40.734285882	0.483	−53.76801233	111.45790933
		2012	15.752233600	40.734285882	0.701	−66.86072723	98.36519443
		2014	−64.343318600	40.734285882	0.123	−146.95627943	18.26964223
	2014	2011	93.188267100	40.734285882	0.028	10.57530627	175.80122793
		2012	80.095552200	40.734285882	0.057	−2.51740863	162.70851303
		2013	64.343318600	40.734285882	0.123	−18.26964223	146.95627943
Tamhane	2011	2012	−13.092714900	35.543603437	0.999	−118.28878328	92.10335348
		2013	−28.844948500	36.432774325	0.969	−136.84427444	79.15437744
		2014	−93.188267100	42.640610516	0.239	−221.58390334	35.20736914
	2012	2011	13.092714900	35.543603437	0.999	−92.10335348	118.28878328
		2013	−15.752233600	38.734253929	0.999	−130.15686898	98.65240178
		2014	−80.095552200	44.623055113	0.435	−213.11124548	52.92014108
	2013	2011	28.844948500	36.432774325	0.969	−79.15437744	136.84427444
		2012	15.752233600	38.734253929	0.999	−98.65240178	130.15686898
		2014	−64.343318600	45.334494012	0.682	−199.14150139	70.45486419
	2014	2011	93.188267100	42.640610516	0.239	−35.20736914	221.58390334
		2012	80.095552200	44.623055113	0.435	−52.92014108	213.11124548
		2013	64.343318600	45.334494012	0.682	−70.45486419	199.14150139

*均值差的显著性水平为 0.05

从特殊教育公用经费均值图可以看出, 特殊教育的经费是逐年递增的, 这说明特殊教育对经费的需求越来越大.

3.2.2 公务费方差分析

同样, 利用 SPSS20.0 软件对特殊教育公务费进行方差分析与方差齐性检验, 结果如表 3-6、表 3-7 所示.

表 3-6　　特殊教育公务费各项数字特征描述

				公务费			
N	均值	标准差	标准误	均值的 95%置信区间		极小值	极大值
				下限	上限		
2011 10	27.543331	25.268295	7.990536	9.467482	45.619180	3.261460	86.843715
2012 10	31.153860	27.871523	8.813750	11.215774	51.091947	4.751521	92.374565
2013 10	39.546091	38.625433	12.214434	11.915121	67.177061	4.601664	133.907115
2014 10	58.965886	50.425901	15.946070	22.893370	95.038402	7.729300	181.922405
总数 40	39.302292	37.541055	5.935762	27.296080	51.308504	3.261460	181.922405

由表 3-6 可以看出广西 2011—2014 年年度特殊教育公务费的均值、标准差、标准误、极小值和极大值等描述性信息.

表 3-7　　方差齐性检验

	公务费		
Levene 统计量	df1	df2	显著性
0.912	3	36	0.445

由表 3-7 可知, 方差齐性检验值 0.445 > 0.05, 通过检验. 接着进行单因素方差分析, 结果如表 3-8 所示.

表 3-8　　单因素方差分析

	公务费				
	平方和	df	均方	F	显著性
组间	5913.865	3	1971.288	1.447	0.245
组内	49050.037	36	1362.501		
总数	54963.901	39			

表 3-8 给出了方差分析的结果, 从表中我们可以看出组间平方和的 F 值为 1.447, 相应的概率值是 0.245(大于显著水平 0.05). 这说明尽管这几年特殊教育公务费投入是逐年递增的, 但是并无显著的变化. 下面进行多重比较, 结果如表 3-9 所示.

表 3-9 给出了多重比较的结果, 从表中我们可以看出任意两年的公务费都是无显著的差异. 下面绘制公务费均值图, 如图 3-12 所示.

表 3-9 多重比较

因变量: 公务费

(I) 年份	(J) 年份	均值差 (I−J)	标准误	显著性	95% 置信区间 下限	95% 置信区间 上限
LSD						
2011	2012	−3.610529700	16.507580192	0.828	−37.08945406	29.86839466
2011	2013	−12.002760300	16.507580192	0.472	−45.48168466	21.47616406
2011	2014	−31.422555300	16.507580192	0.065	−64.90147966	2.05636906
2012	2011	3.610529700	16.507580192	0.828	−29.86839466	37.08945406
2012	2013	−8.392230600	16.507580192	0.614	−41.87115496	25.08669376
2012	2014	−27.812025600	16.507580192	0.101	−61.29094996	5.66689876
2013	2011	12.002760300	16.507580192	0.472	−21.47616406	45.48168466
2013	2012	8.392230600	16.507580192	0.614	−25.08669376	41.87115496
2013	2014	−19.419795000	16.507580192	0.247	−52.89871936	14.05912936
2014	2011	31.422555300	16.507580192	0.065	−2.05636906	64.90147966
2014	2012	27.812025600	16.507580192	0.101	−5.66689876	61.29094996
2014	2013	19.419795000	16.507580192	0.247	−14.05912936	52.89871936
Tamhane						
2011	2012	−3.610529700	11.896673959	1.000	−38.78116233	31.56010293
2011	2013	−12.002760300	14.595926842	0.963	−55.95392580	31.94840520
2011	2014	−31.422555300	17.836081895	0.473	−86.46143769	23.61632709
2012	2011	3.610529700	11.896673959	1.000	−31.56010293	38.78116233
2012	2013	−8.392230600	15.062356729	0.995	−53.41007458	36.62561338
2012	2014	−27.812025600	18.219751019	0.620	−83.51047214	27.88642094
2013	2011	12.002760300	14.595926842	0.963	−31.94840520	55.95392580
2013	2012	8.392230600	15.062356729	0.995	−36.62561338	53.41007458
2013	2014	−19.419795000	20.086551628	0.923	−79.22379854	40.38420854
2014	2011	31.422555300	17.836081895	0.473	−23.61632709	86.46143769
2014	2012	27.812025600	18.219751019	0.620	−27.88642094	83.51047214
2014	2013	19.419795000	20.086551628	0.923	−40.38420854	79.22379854

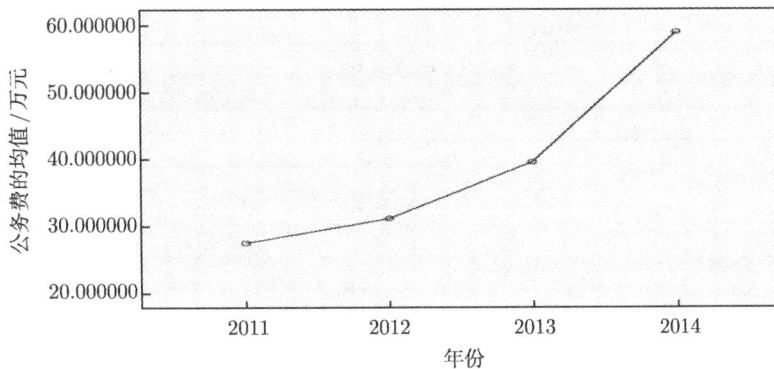

图 3-12 特殊教育公务费均值图

从特殊教育公务费均值图可以看出, 特殊教育的公务费支持是逐年递增的.

3.2.3　业务费方差分析

同样, 利用 SPSS20.0 软件对特殊教育业务费进行方差分析与方差齐性检验, 结果如表 3-10、表 3-11 所示.

表 3-10　特殊教育业务费各项数字特征描述

| | | | | | 业务费 | | | |
| | | | | | 均值的 95% 置信区间 | | | |
	N	均值	标准差	标准误	下限	上限	极小值	极大值
2011	10	4.277242	6.313431	1.996482	−0.2391142	8.793598	0.000000	19.026100
2012	10	4.563368	5.7187067	1.808414	0.4724512	8.654284	0.000000	18.107400
2013	10	5.503897	7.420263	2.3464938	0.1957560	10.812033	0.000000	20.488100
2014	10	9.181118	14.737819	4.660507	−1.361682	19.723918	0.000000	47.089550
总数	40	5.881406	9.138326	1.444896	2.958827	8.803985	0.000000	47.089550

由表 3-10 可知, 广西 2011—2014 年年度特殊教育业务费的均值、标准差、标准误、极小值和极大值等描述性信息.

表 3-11　方差齐性检验

	业务费		
Levene 统计量	df1	df2	显著性
2.040	3	36	0.126

由表 3-11 可知, 方差齐性检验值 0.126 > 0.05, 通过检验. 接着进行单因素方差分析, 结果如表 3-12 所示.

表 3-12　单因素方差分析

	业务费				
	平方和	df	均方	F	显著性
组间	153.412	3	51.137	0.593	0.624
组内	3103.440	36	86.207		
总数	3256.851	39			

从表 3-12 中我们可以看出组间平方和的 F 值为 0.593, 相应的概率值是 0.624, 大于显著水平 0.05. 这说明这几年特殊教育业务费投入是逐年递增的, 然并无显著的变化. 下面进行多重比较, 结果如表 3-13 所示.

表 3-13　多重比较

因变量: 业务费

(I) 年份	(J) 年份	均值差 $(I-J)$	标准误	显著性	95% 置信区间 下限	上限
LSD						
2011	2012	−0.286125500	4.152268154	0.945	−8.70731563	8.13506463
	2013	−1.226654600	4.152268154	0.769	−9.64784473	7.19453553
	2014	−4.903876100	4.152268154	0.245	−13.32506623	3.51731403
2012	2011	0.286125500	4.152268154	0.945	−8.13506463	8.70731563
	2013	−0.940529100	4.152268154	0.822	−9.36171923	7.48066103
	2014	−4.617750600	4.152268154	0.273	−13.03894073	3.80343953
2013	2011	1.226654600	4.152268154	0.769	−7.19453553	9.64784473
	2012	0.940529100	4.152268154	0.822	−7.48066103	9.36171923
	2014	−3.677221500	4.152268154	0.382	−12.09841163	4.74396863
2014	2011	4.903876100	4.152268154	0.245	−3.51731403	13.32506623
	2012	4.617750600	4.152268154	0.273	−3.80343953	13.03894073
	2013	3.677221500	4.152268154	0.382	−4.74396863	12.09841163
Tamhane						
2011	2012	−0.286125500	2.693752253	1.000	−8.24994260	7.67769160
	2013	−1.226654600	3.080904329	0.999	−10.35262313	7.89931393
	2014	−4.903876100	5.070135122	0.926	−20.78202977	10.97427757
2012	2011	0.286125500	2.693752253	1.000	−7.67769160	8.24994260
	2013	−0.940529100	2.962497510	1.000	−9.75766125	7.87660305
	2014	−4.617750600	4.999068930	0.940	−20.41082764	11.17532644
2013	2011	1.226654600	3.080904329	0.999	−7.89931393	10.35262313
	2012	0.940529100	2.962497510	1.000	−7.87660305	9.75766125
	2014	−3.677221500	5.217888505	0.983	−19.77133278	12.41688978
2014	2011	4.903876100	5.070135122	0.926	−10.97427757	20.78202977
	2012	4.617750600	4.999068930	0.940	−11.17532644	20.41082764
	2013	3.677221500	5.217888505	0.983	−12.41688978	19.77133278

从表 3-13 中我们可以看出任意两年的业务费都是无显著的差异. 下面绘制业务费均值图, 结果如图 3-13 所示.

从特殊教育业务费的均值图, 可以直观地看出业务费的投入是逐年递增的.

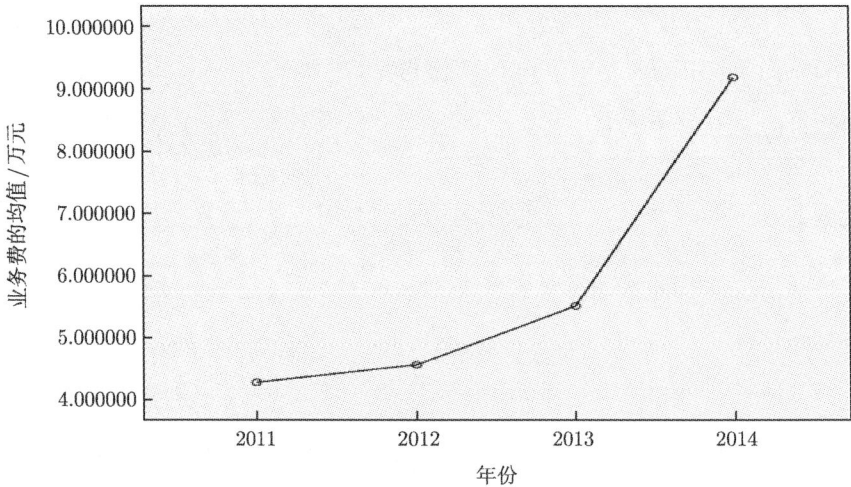

图 3-13　特殊教育业务费的均值图

3.2.4　设备购置费方差分析

同样, 利用 SPSS20.0 软件对特殊教育设备购置费进行方差分析与方差齐性检验, 结果如表 3-14、表 3-15 所示.

表 3-14　特殊教育设备购置费各项数字特征描述

					均值的 95%置信区间			
	N	均值	标准差	标准误	下限	上限	极小值	极大值
2011	10	10.019392	11.277176	3.566156	1.952186	18.086597	0.000000	35.322300
2012	10	14.25633	18.094828	5.722087	1.312069	27.200590	0.000000	48.758599
2013	10	15.52648	15.029268	4.752672	4.775189	26.277770	0.000000	41.337195
2014	10	35.312854	39.241261	12.409176	7.241346	63.384361	0.460000	120.205475
总数	40	18.778764	24.700515	3.905494	10.879158	26.678371	0.000000	120.205475

表 3-15　方差齐性检验

设备购置费			
Levene 统计量	df1	df2	显著性
5.079	3	36	0.005

由表 3-14 可知, 广西 2011—2014 年年度特殊教育设备购置费的均值、标准差、标准误、极小值和极大值等描述性信息.

由表 3-15 可知, 方差齐性检验值 0.005 < 0.05, 未通过检验. 如果仍然进行单因素方差分析, 情况如表 3-16 所示.

从表 3-16 中我们可以看出组间平方和的 F 值为 2.289, 相应的概率值是 0.095, 大于显著水平 0.05. 这说明这几年特殊教育设备购置费是逐年递增的, 尽管并无显著的变化. 下面进行多重比较, 结果如表 3-17 所示.

表 3-16　单因素方差分析

设备购置费				
	平方和	df	均方	F	显著性
组间	3811.325	3	1270.442	2.289	0.095
组内	19983.177	36	555.088		
总数	23794.502	39			

表 3-17　多重比较

						95％置信区间	
	(I) 年份	(J) 年份	均值差 $(I-J)$	标准误	显著性	下限	上限
		2012	−4.236937900	10.536491309	0.690	−25.60593272	17.13205692
	2011	2013	−5.507087700	10.536491309	0.604	−26.87608252	15.86190712
		2014	−25.293461700	10.536491309	0.022	−46.66245652	−3.92446688
		2011	4.236937900	10.536491309	0.690	−17.13205692	25.60593272
	2012	2013	−1.270149800	10.536491309	0.905	−22.63914462	20.09884502
		2014	−21.056523800	10.536491309	0.053	−42.42551862	0.31247102
LSD		2011	5.507087700	10.536491309	0.604	−15.86190712	26.87608252
	2013	2012	1.270149800	10.536491309	0.905	−20.09884502	22.63914462
		2014	−19.786374000	10.536491309	0.069	−41.15536882	1.58262082
		2011	25.293461700*	10.536491309	0.022	3.92446688	46.66245652
	2014	2012	21.056523800	10.536491309	0.053	−0.31247102	42.42551862
		2013	19.786374000	10.536491309	0.069	−1.58262082	41.15536882
		2012	−4.236937900	6.742384682	0.990	−24.62342217	16.14954637
Tamhane	2011	2013	−5.507087700	5.941831381	0.936	−23.22003479	12.20585939
		2014	−25.293461700	12.911433910	0.383	−66.99610276	16.40917936

续表

		因变量: 设备购置费				
					95％置信区间	
(I) 年份	(J) 年份	均值差 (I − J)	标准误	显著性	下限	上限
		2011	4.236937900	6.742384682	0.990	−16.14954637	24.62342217
2012	2013	−1.270149800	7.438425413	1.000	−23.32502841	20.78472881
	2014	−21.056523800	13.664916322	0.617	−63.55934455	21.44629695
Tamhane	2011	5.507087700	5.941831381	0.936	−12.20585939	23.22003479
2013	2012	1.270149800	7.438425413	1.000	−20.78472881	23.32502841
	2014	−19.786374000	13.288173201	0.657	−61.81291979	22.24017179
	2011	25.293461700	12.911433910	0.383	−16.40917936	66.99610276
2014	2012	21.056523800	13.664916322	0.617	−21.44629695	63.55934455
	2013	19.786374000	13.288173201	0.657	−22.24017179	61.81291979

*均值差的显著性水平为 0.05

从表 3-17 中我们可以看出除2011年与2014年外, 任意两年的设备购置费都无显著的差异. 下面绘制设备购置费均值图, 结果如图3-14所示.

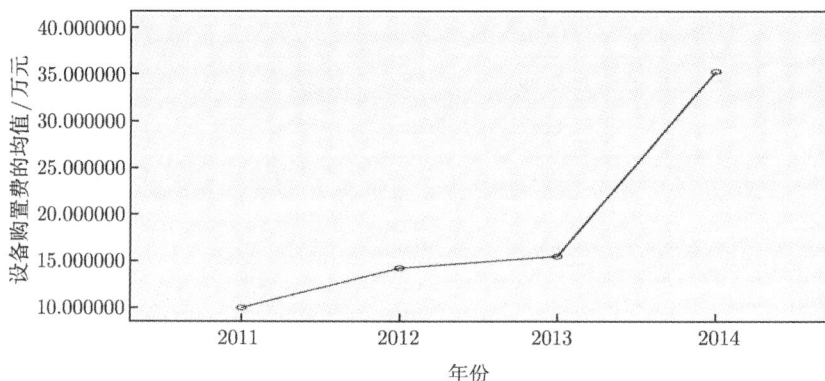

图 3-14　特殊教育设备购置费的均值图

从设备购置费均值图可以看出设备购置费也是逐年递增的, 特别是从 2013 年至 2014 年增长特别快.

3.2.5　仪器房屋维修费方差分析

同样, 利用 SPSS20.0 软件对特殊教育在校生进行方差分析与方差齐性检验, 结果如表 3-18、表 3-19 所示.

表 3-18　特殊教育仪器房屋维修费各项数字特征描述

| | | | | 仪器房屋维修费 | | | |
| | | | | 均值的 95% 置信区间 | | | |
N	均值	标准差	标准误	下限	上限	极小值	极大值
2011	10	14.419264	27.775857	8.783497	−5.450387	34.288916	0.936600	87.834418
2012	10	15.157852	28.920458	9.145452	−5.530597	35.846302	0.000000	93.175800
2013	10	20.516205	25.745139	8.141328	2.099242	38.933168	1.878000	84.631067
2014	10	32.744430	36.680055	11.599252	6.505100	58.983761	0.738900	119.642694
总数	40	20.709438	29.827631	4.716163	11.170099	30.248777	0.000000	119.642694

表 3-19　方差齐性检验

仪器房屋维修费			
Levene 统计量	df1	df2	显著性
0.350	3	36	0.789

由表 3-18 可知, 广西 2011—2014 年年度特殊教育仪器房屋维修费的均值、标准差、标准误、极小值和极大值等描述性信息.

由表 3-19 可知, 方差齐性检验值 $0.789 > 0.05$, 通过检验. 接着进行单因素方差分析, 结果如表 3-20 所示.

表 3-20　单因素方差分析

	仪器房屋维修费				
	平方和	df	均方	F	显著性
组间	2152.648	3	717.549	0.794	0.505
组内	32545.167	36	904.032		
总数	34697.815	39			

从表 3-20 中我们可以看出组间平方和的 F 值为 0.794, 相应的概率值是 0.505, 大于显著水平 0.05. 这说明这几年特殊教育仪器房屋维修费是逐年递增的, 尽管并无显著的变化. 下面进行多重比较, 结果如表 3-21 所示.

表 3-21 多重比较

因变量: 仪器房屋维修费

	(I) 年份	(J) 年份	均值差 (I − J)	标准误	显著性	95%置信区间 下限	上限
LSD	2011	2012	−0.738588200	13.446430221	0.956	−28.00921267	26.53203627
		2013	−6.096940500	13.446430221	0.653	−33.36756497	21.17368397
		2014	−18.325166100	13.446430221	0.181	−45.59579057	8.94545837
	2012	2011	0.738588200	13.446430221	0.956	−26.53203627	28.00921267
		2013	−5.358352300	13.446430221	0.693	−32.62897677	21.91227217
		2014	−17.586577900	13.446430221	0.199	−44.85720237	9.68404657
	2013	2011	6.096940500	13.446430221	0.653	−21.17368397	33.36756497
		2012	5.358352300	13.446430221	0.693	−21.91227217	32.62897677
		2014	−12.228225600	13.446430221	0.369	−39.49885007	15.04239887
	2014	2011	18.325166100	13.446430221	0.181	−8.94545837	45.59579057
		2012	17.586577900	13.446430221	0.199	−9.68404657	44.85720237
		2013	12.228225600	13.446430221	0.369	−15.04239887	39.49885007
Tamhane	2011	2012	−0.738588200	12.680264731	1.000	−38.18987442	36.71269802
		2013	−6.096940500	11.976270010	0.997	−41.48656693	29.29268593
		2014	−18.325166100	14.549655180	0.783	−61.67395693	25.02362473
	2012	2011	0.738588200	12.680264731	1.000	−36.71269802	38.18987442
		2013	−5.358352300	12.244202934	0.999	−41.57327432	30.85656972
		2014	−17.586577900	14.770982635	0.822	−61.49286731	26.31971151
	2013	2011	6.096940500	11.976270010	0.997	−29.29268593	41.48656693
		2012	5.358352300	12.244202934	0.999	−30.85656972	41.57327432
		2014	−12.228225600	14.171233458	0.954	−54.66647781	30.21002661
	2014	2011	18.325166100	14.549655180	0.783	−25.02362473	61.67395693
		2012	17.586577900	14.770982635	0.822	−26.31971151	61.49286731
		2013	12.228225600	14.171233458	0.954	−30.21002661	54.66647781

从表 3-21 中我们可以看出任意两年的仪器房屋维修费都无显著的差异. 下面绘制仪器房屋维修费均值图, 如图 3-15 所示.

从仪器房屋维修费均值图可以看出, 仪器房屋维修费也是逐年递增的.

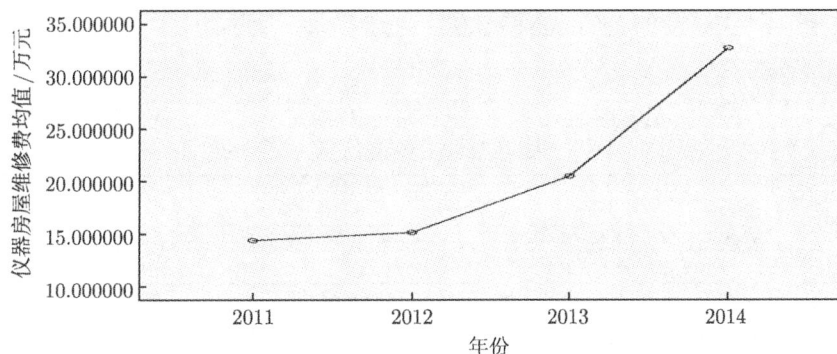

图 3-15   特殊教育仪器房屋维修费均值图

3.2.6 其他费用方差分析

同样, 利用 SPSS20.0 软件对特殊教育其他费用进行方差分析与方差齐性检验, 结果如表 3-22、表 3-23 所示.

表 3-22   特殊教育其他费用各项数字特征描述

| | | | | | 均值的 95%置信区间 | | | |
	N	均值	标准差	标准误	下限	上限	极小值	极大值
				其他费用				
2011	10	12.29375500	10.878641386	3.440128463	4.51164376	20.07586624	0.784600	32.038791
2012	10	17.02252860	22.857785920	7.228266577	0.67105359	33.37400361	0.841100	73.647940
2013	10	15.97365440	18.038320036	5.704217648	3.06981759	28.87749121	1.750400	60.220020
2014	10	31.69167300	47.233030151	14.936395607	−2.09680131	65.48014731	3.968069	163.055600
总数	40	19.24540275	28.176766045	4.455137890	10.23403579	28.25676971	0.784600	163.055600

由表 3-22 可以看出广西 2011—2014 年年度特殊教育其他费用的均值、标准差、标准误、极小值和极大值等描述性信息.

表 3-23   方差齐性检验

		其他费用	
Levene 统计量	df1	df2	显著性
1.374	3	36	0.266

方差齐性检验值为 0.266 > 0.05, 通过检验. 接着进行多重比较, 结果如表 3-24 所示.

表 3-24　多重比较

因变量: 其他费用

	(I) 年份	(J) 年份	均值差 (I − J)	标准误	显著性	95% 置信区间 下限	95% 置信区间 上限
LSD	2011	2012	−4.728773600	12.643502961	0.711	−30.37098611	20.91343891
		2013	−3.679899400	12.643502961	0.773	−29.32211191	21.96231311
		2014	−19.397918000	12.643502961	0.134	−45.04013051	6.24429451
	2012	2011	4.728773600	12.643502961	0.711	−20.91343891	30.37098611
		2013	1.048874200	12.643502961	0.934	−24.59333831	26.69108671
		2014	−14.669144400	12.643502961	0.254	−40.31135691	10.97306811
	2013	2011	3.679899400	12.643502961	0.773	−21.96231311	29.32211191
		2012	−1.048874200	12.643502961	0.934	−26.69108671	24.59333831
		2014	−15.718018600	12.643502961	0.222	−41.36023111	9.92419391
	2014	2011	19.397918000	12.643502961	0.134	−6.24429451	45.04013051
		2012	14.669144400	12.643502961	0.254	−10.97306811	40.31135691
		2013	15.718018600	12.643502961	0.222	−9.92419391	41.36023111
Tamhane	2011	2012	−4.728773600	8.005143444	0.993	−29.55319064	20.09564344
		2013	−3.679899400	6.661274864	0.995	−23.87992152	16.52012272
		2014	−19.397918000	15.327439368	0.799	−69.48700160	30.69116560
	2012	2011	4.728773600	8.005143444	0.993	−20.09564344	29.55319064
		2013	1.048874200	9.207927926	1.000	−26.32010287	28.41785127
		2014	−14.669144400	16.593485211	0.950	−66.04470408	36.70641528
	2013	2011	3.679899400	6.661274864	0.995	−16.52012272	23.87992152
		2012	−1.048874200	9.207927926	1.000	−28.41785127	26.32010287
		2014	−15.718018600	15.988558806	0.922	−66.29729201	34.86125481
	2014	2011	19.397918000	15.327439368	0.799	−30.69116560	69.48700160
		2012	14.669144400	16.593485211	0.950	−36.70641528	66.04470408
		2013	15.718018600	15.988558806	0.922	−34.86125481	66.29729201

从表 3-24 中我们可以看出任意两年的其他费用都无显著的差异. 下面绘制其他费用均值图, 如图 3-16 所示.

从其他费用的均值图可以看出, 其他费用在 2013 年稍微有点下降, 但是 2014 年马上又增加了, 这说明总体上是增加的.

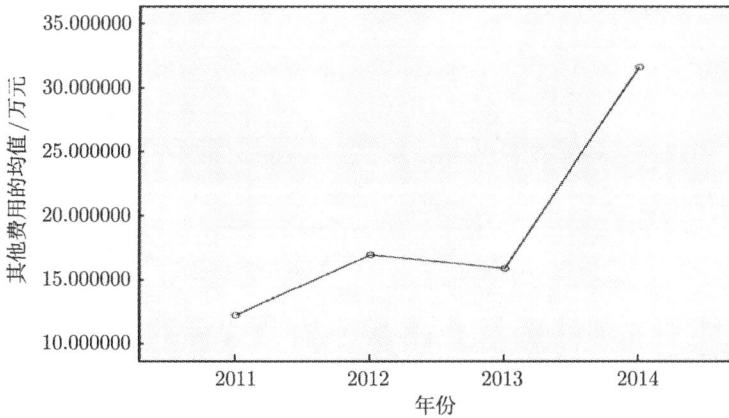

图 3-16 特殊教育其他费用均值图

3.2.7 生均公用经费方差分析

表 3-25 是各地区生均公用经费表.

表 3-25 各地区生均公用经费表

年份	地区	生均公用经费/元
	北海	858.07
	贵港	1792.69
	桂林	559.51
	贺州	3794.33
2011	来宾	2496.38
	钦州	2489.60
	玉林	1722.05
	河池	1989.73
	柳州	1469.53
	梧州	2012.07
	北海	1064.18
	贵港	3349.38
2012	桂林	563.47
	贺州	4305.83
	来宾	2084.65

续表

年份	地区	生均公用经费/元
	钦州	2086.57
	玉林	3021.63
2012	河池	2001.91
	柳州	1451.30
	梧州	1277.16
	北海	901.35
	贵港	4550.76
	桂林	578.04
	贺州	4605.95
	来宾	2408.40
2013	钦州	1135.90
	玉林	2480.24
	河池	2111.31
	柳州	3345.91
	梧州	3198.47
	北海	3516.48
	贵港	2878.12
	桂林	710.38
	贺州	6758.74
	来宾	2680.55
2014	钦州	1582.59
	玉林	3422.76
	河池	3027.06
	柳州	2618.91
	梧州	3836.49

利用 SPSS20.0 软件对特殊教育在校生进行方差齐性检验,结果如表 3-26 所示.

表 3-26 方差齐性检验

生均公用经费			
Levene 统计量	df1	df2	显著性
0.398	3	36	0.755

由方差齐性检验表可以看出显著性概率值为 0.755 > 0.05, 说明通过方差齐性检验, 因而进行方差分析.

从表 3-27 我们可以看出组间平方和的 F 值为 1.403, 相应的概率值是 0.258, 大于显著水平 0.05. 这说明这几年特殊教育生均公用经费实际使用是逐年递增的, 尽管并无显著的变化. 即特殊教育公用经费的需求变化加大, 因而需要继续加大对特殊教育的支持力度.

表 3-27 单因素方差分析

生均公用经费					
	平方和	df	均方	F	显著性
组间	6796937.187	3	2265645.729	1.403	0.258
组内	58145770.797	36	1615160.300		
总数	64942707.984	39			

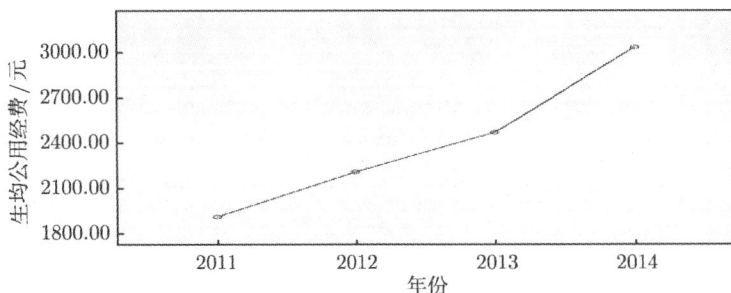

图 3-17 特殊教育生均公用经费图

由特殊教育生均公用经费图 (图 3-17) 可看到, 特殊教育学校的生均公用经费是逐年递增的, 尤其是 2014 年明显高于前面几年, 已经超过 3000 元. 因此需要结合实际及时调整经费划拨预算. 下面进行多重比较, 结果如表 3-28 所示.

表 3-28 多重比较

因变量: 生均公用经费

(I) 年份	(J) 年份	均值差 $(I-J)$	标准误	显著性	95% 置信区间	
					下限	上限
	2012	−295.92439	568.35909	0.606	−1448.6101	856.7613
2011	2013	−555.91770	568.35909	0.335	−1708.6034	596.7680
	2014	−1120.57257	568.35909	0.056	−2273.2582	32.1131
	2011	295.92439	568.35909	0.606	−856.7613	1448.6101
2012	2013	−259.99331	568.35909	0.650	−1412.6790	892.6924
	2014	−824.64818	568.35909	0.155	−1977.3338	328.0375
LSD	2011	555.91770	568.35909	0.335	−596.7680	1708.6034
2013	2012	259.99331	568.35909	0.650	−892.6924	1412.6790
	2014	−564.65487	568.35909	0.327	−1717.3405	588.0308
	2011	1120.57257	568.35909	0.056	−32.1131	2273.2582
2014	2012	824.64818	568.35909	0.155	−328.0375	1977.3338
	2013	564.65487	568.35909	0.327	−588.0308	1717.3405

表 3-28 更加具体地说明了任意两年的生均公用经费的使用都不是显著差异的.

3.2.8 小结

总的来说, 这几年特殊教育各项公用费用的投入是增加的, 但是根据方差分析的结果, 特殊教育生均公用经费的投入并无显著的变化. 原因是特殊教育在校生人数也在增加, 因此特殊教育生均公用经费的预算需要做出合理的预测及调整.

3.3 基于回归分析模型的广西特殊教育学校生均公用经费预测

3.3.1 回归模型的判定

表 3-29 是 2011—2014 年广西特殊教育公用经费的各项费用.

表 3-29 2011—2014 年广西特殊教育公用经费的各项费用(单位: 元)

年份	生均公用	公务费 小计	业务费 小计	设备购置费 小计	仪器房屋维护 维修费用小计	其他费用 小计
2011	1918.395711	2754333.07	427724.20	1001939.18	1441926.42	1229375.50
2012	2120.607766	3115386.04	456336.75	1425632.97	1515785.24	1702252.86
2013	2531.629877	3954609.10	550389.66	1552647.95	2051620.47	1597365.44
2014	3103.206890	5896588.60	918111.81	3531285.35	3274443.03	3169167.30

在客观世界中, 变量之间的关系并非都是直线关系, 要根据不同的对象提出不同的方法. 因此, 在确定回归模型之前, 用 SPSS20.0 软件绘出生均公用经费与年份的折线图. 从图 3-18 中可以看出生均公用经费与年份并非是直线关系, 而是曲线关系, 因此可进行曲线回归分析.

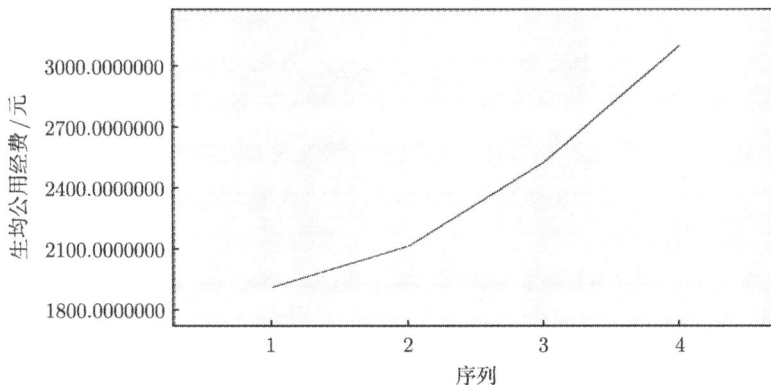

图 3-18 2011—2014 年广西特殊教育生均公用经费折线图

3.3.2 曲线回归模型的建立与选取

考虑线性模型: 对数模型、二次模型、三次模型、复合模型以及增长模型.

首先, 根据图 3-18 可建立曲线回归预测方程; 其次, 根据各种曲线的拟合度及评价指标 (绝对误差、相对误差), 对比不同曲线的拟合度及评价指标; 选择出最佳的预测模型. 不同曲线的拟合度可从表 3-30 和图 3-19 看出.

表 3-30 模型汇总和参数估计值

因变量: 生均公用经费

方程	模型汇总					参数估计值			
	R 方	F	df1	df2	Sig.	常数	b1	b2	b3
对数	0.845	10.927	1	2	0.081	1783.019	799.787		
二次	1.000	3522.991	2	1	0.012	1888.802	−65.161	92.341	
三次	1.000	.	3	0	.	1973.249	−199.471	152.660	−8.043
复合	0.979	93.780	1	2	0.010	1585.853	1.176		
增长	0.979	93.780	1	2	0.010	7.369	0.162		

自变量为序列

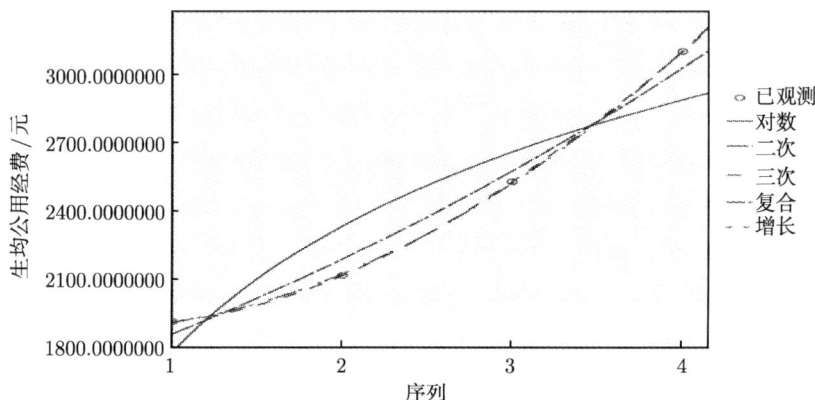

图 3-19 特殊教育生均公用经费

由表 3-30 和图 3-19 可知, 拟合优度 R 方值 (模型的拟合度情况) 最大的是三次曲线, 其次是二次曲线, 因此二次模型和三次模型比较符合实际情况.

通过三次模型拟合出 2015 年生均公用经费的结果为 3787.08 元. 通过二次模型拟合出 2015 年生均公用经费的结果为 3871.53 元, 准确地说, 有 95% 的可能在 3465.98 元到 4277.08 元之间. 说明随着社会的发展, 地方财政对教育事业投入的不断增大, 特殊教育生均经费也随之增大, 学生能在更好的环境下学习.

从表 3-30 可以得出广西各特殊教育每年的生均公用费用 S 与年份

Y 的函数关系如下.

二次模型:

$$S_2 = 1888.802 - 65.161 * (Y - 2010) + 92.341 * (Y - 2010)^2. \qquad (1)$$

三次模型:

$$S_3 = 1973.249 - 199.471 * (Y - 2010) + 152.660 * (Y - 2010)^2 - 8.043 * (Y - 2010)^3. \qquad (2)$$

最后运行 EXCEL 软件计算出二次模型和三次模型中 2015—2020 年特殊教育生均公用经费的预测值, 结果如表 3-31 和表 3-32 所示.

表 3-31　二次模型中 2015—2020 年特殊教育生均公用经费的预测值

年份	2015	2016	2017	2018	2019	2020
预测值	3871.52	4822.11	5957.38	7277.33	8781.974	10471.29

表 3-32　三次模型中 2015—2020 年特殊教育生均公用经费的预测值

年份	2015	2016	2017	2018	2019	2020
预测值	3787.02	4534.90	5298.54	6029.71	6680.12	7201.54

从非线性回归模型的预测表 (表 3-31 和表 3-32) 可以看出, 2020 年特殊教育的生均成本就达到了 7000 元, 说明特殊教育的费用较高. 从网上了解到很多地方 (北京、安徽、四川) 的特殊教育经费都要比普通教育高出好几倍, 因为残疾人和普通人不一样, 他们需要进行个性化教育, 除了接受文化知识, 还需要进行劳动技能、职业技术和康复培训, 所需经费要多很多, 所以以上预测的数据可以认为是合理的.

3.4　基于灰色预测 GM(1,1) 模型的广西特殊教育学校生均公用经费预测

从《广西教育经费统计资料》获取真实数据, 得出广西特殊教育 2011 年到 2014 年的生均成本, 见表 3-1 特殊教育生生均公用支出及五大功能

性支出情况.

将表 3-1 的 4 组生均成本作为 GM(1,1) 模型的原始数据, 即

$$x^{(0)} = (1918.40, 2120.61, 2531.63, 3103.21).$$

根据真实值, 用 MATLAB 软件编程 (程序代码为附件 1, 2) 可以预测出 2011 年至 2014 年的生均成本, 并检验该模型是否通过. 计算结果如下表 3-33 所示.

表 3-33　2011—2014 年的生均成本预测值表

年份	真实值	预测值	误差	e_i	残差
2011	1918.40	1918.40	0	13.87	0.00%
2012	2120.61	2100.09	−20.52	6.65	0.97%
2013	2531.63	2543.21	11.58	2.28	0.46%
2014	3103.21	3079.83	−23.37	9.50	0.75%

$\sum\limits_{i=1}^{4} r_i^2 = 1101.32, S_0 = 266.66$, 对所有的 e_i 都有 $P(e_i < S_0) = 1$, 故小残差率与后验差比值 $C = 0.0139 < 0.35$, 残差值不超过 1%, 参数 $a = -0.191, u = 1538.2$, 故 GM(1,1) 模型合格, 预测模型为 $x_0^{(k+1)} = 1733.77 \times \mathrm{e}^{0.191k}$. 根据此模型, 用 MATLAB 软件编程 (程序代码为附件 3) 预测出特殊教育未来 5 年的生均成本, 结果如表 3-34 所示.

表 3-34　2015—2019 年广西特教的生均成本预测

年份	2015	2016	2017	2018	2019
生均成本/元	3729.68	4516.65	5469.67	6623.77	8021.39

从表 3-34 可以看出, 2019 年特殊教育的生均成本就达到了 8000 元, 说明特殊教育的费用很高.

3.5　两种模型的比较

由以上预测结果可以看出非线性回归以及灰色模型的预测值都比较接近, 因此说明这两种模型的预测具有合理性及有效性, 因而都是具有预

测意义的. 然而以上模型预测得出的结果, 没能体现各地区的经济情况, 不考虑各地区经济情况, 没考虑具体支出、各个项目的具体构成, 并且建立数学模型核算生均成本时, 四个项目所占比例默认一致. 以上的不足都会对生均成本的核算造成一定偏差, 核算出的生均成本不够真实, 影响政府对特殊教育的经费投入计划, 学校不能很好地合理分配使用经费, 因此接下来考虑按地理方位、经济区及教育程度, 将广西划分为桂北、桂南、桂西、桂东和桂中五个区域, 然后进行组合预测研究. 区域具体划分为: 桂北区指现在的桂林市; 桂中区指现在的柳州市、来宾市; 桂东区指现在的梧州市、贺州市、玉林市、贵港市; 桂南区指现在的南宁市、崇左市、北海市、钦州市、防城港市; 桂西区指现在的百色市和河池市.

3.6 组 合 预 测

3.6.1 桂北区生均公用经费预测

表 3-35 与表 3-36 分别为桂北区 2011—2014 年生均公用经费支出及五大功能性支出变化情况.

表 3-35 桂北区 2011—2014 年生均公用经费支出

年份	2011	2012	2013	2014
生均支出/元	559.51	563.47	578.04	710.38

根据真实值, 用 MATLAB 软件编程 (程序代码为附件 1, 2) 可以预测出 2011—2014 年的生均成本, 并检验该模型是否通过. 计算结果如表 3-36 所示.

表 3-36 2011—2014 年桂北区生均成本预测值表 (单位: 元)

年份	真实值	预测值	误差	e_i	残差
2011	559.51	559.51	0	18.38	0.00%
2012	563.47	542.27	−21.20	2.83	0.038%
2013	578.04	613.07	35.03	16.66	0.061%
2014	710.38	693.11	−17.26	1.11	0.024%

$S_0 = 41.87$, 对所有的 e_i 都有 $P(e_i < S_0) = 1$, 故小残差率与后验差比值 $C = 0.010 < 0.35$, 残差值不超过 0.1%, 参数 $a = -0.12$, $u = 441.01$, 故 GM(1,1) 模型合格, 预测模型为 $x_0^{(k+1)} = 478.84 \times e^{0.12k}$. 根据此模型, 用 MATLAB 软件编程 (程序代码为附件 3) 预测出特殊教育未来 6 年的生均成本, 结果如表 3-37 所示.

表 3-37　2015——2020 年桂北特教的生均公用成本预测

年份	2015	2016	2017	2018	2019	2020
生均公用成本/元	783.61	885.93	1001.6	1132.37	1280.22	1447.38

3.6.2　桂中区生均公用经费预测

表 3-38 为桂中区 2011—2014 年生均公用经费支出及五大功能性支出变化情况.

表 3-38　桂中区 2011——2014 年生均公用经费支出

年份	2011	2012	2013	2014
生均支出/元	1982.96	1767.97	2877.15	2649.73

根据真实值, 应用 MATLAB 软件编程 (程序代码为附件 1, 2) 可以预测出 2011 年至 2014 年的生均成本, 并检验该模型是否可用, 计算结果如表 3-39 所示.

$S_0 = 128.6$, 对所有的 e_i 都有 $P(e_i < S_0) = 0.5$, 故小残差率与后验差比值 $C = 0.127 < 0.35$, 残差值不超过 0.3%, 参数 $a = -0.17$, $u = 1549.17$, 故 GM(1,1) 模型合格, 预测模型为 $x_0^{(k+1)} = 1734.65 \times e^{0.17k}$. 根据此模型, 用 matlab 软件编程 (程序代码为附件 3) 预测出特殊教育未来 6 年的生均成本, 结果如表 3-40 所示.

表 3-39　2011——2014 年桂中区生均成本预测值表　　　(单位: 元)

年份	真实值	预测值	误差	e_i	残差
2011	1982.96	1982.96	0	233.42	0%
2012	1767.98	2041.20	273.22	39.8	0.27338%
2013	2877.15	2408.24	−468.91	235.49	0.04444%
2014	2649.73	2896.81	191.56	41.86	0.148945%

表 3-40　2015—2020 年桂中特教的生均公用成本预测

年份	2015	2016	2017	2018	2019	2020
生均公用成本/元	3352.20	3955	4666.18	5505.25	6495.2	7663.16

3.6.3　桂东区生均公用经费预测

表 3-41 为桂东区 2011—2014 年生均公用经费支出变化情况.

表 3-41　桂东区 2011—2014 年生均公用经费支出

年份	2011	2012	2013	2014
生均支出/元	2330.29	2330.29	3708.85	4492.02

根据真实值, 应用 MATLAB 软件编程 (程序代码为附件 1, 2) 可以预测出 2011 年至 2014 年的生均成本, 并检验该模型是否可用, 计算结果如表 3-42 所示.

表 3-42　2011—2014 年桂东区生均成本预测值表　(单位: 元)

年份	真实值	预测值	误差	e_i	残差
2011	2330.29	2330.29	0	143.23	0
2012	2988.5	2515.23	473.27	41.71	0.16%
2013	3708.85	3385.37	−323.47	180.25	0.09%
2014	4492.02	4556.54	64.5	78.72	0.14%

$S_0 = 497.16$, 对所有的 e_i 都有 $P(e_i < S_0) = 1$, 故小残差率与后验差比值 $C = 0.062 < 0.35$, 残差值不超过 0.2%, 参数 $a = -0.3$, $u = 1467.3$, 故 GM(1,1) 模型合格, 预测模型为 $x_0^{(k+1)} = 1871.63 \times e^{0.3k}$. 根据此模型, 用 MATLAB 软件编程 (程序代码为附件 3)预测出特殊教育未来 6 年的生均成本, 结果如表 3-43 所示.

表 3-43　2015—2020 年桂东特教的生均公用成本预测

年份	2015	2016	2017	2018	2019	2020
生均公用成本/元	6132.88	8254.54	11110.2	14953.77	20127.02	27089.96

3.6.4　桂南区生均公用经费预测

表 3-44 为桂南区 2011—2014 年生均公用经费支出变化情况.

表 3-44　桂南区 2011—2014 年生均公用经费支出

年份	2011	2012	2013	2014
生均支出/元	1673.83	1575.38	1018.62	2549.54

　　根据真实值, 用 MATLAB 软件编程 (程序代码为附件 1, 2) 可以预测出 2011 至 2014 年的生均成本, 并检验该模型是否可用. 计算结果如表 3-45 所示.

表 3-45　2015—2020 年桂南区生均成本预测值表　　　(单位: 元)

年份	真实值	预测值	误差	e_i	残差
2011	1673.83	1673.83	0	328.46	0
2012	1575.38	1113.34	−462.04	113.58	0.28%
2013	1018.62	1578.28	559.66	231.2	0.55%
2014	2549.54	2237.39	−312.15	163.1	0.12%

　　$S_0 = 3291.39$, 对所有的 e_i 都有 $P(e_i < S_0) = 1$, 故小残差率与后验差比值 $C = 0.02 < 0.35$, 残差值不超过 0.55%, 参数 $a = -0.35$, $u = 346.23$, 故 GM(1,1) 模型合格, 预测模型为 $x_0^{(k+1)} = 786.43 \times \mathrm{e}^{0.35k}$. 根据此模型, 用 MATLAB 软件编程 (程序代码为附件 3) 预测出特殊教育未来 6 年的生均成本, 结果如表 3-46 所示.

表 3-46　2015—2020 年桂南特教的生均公用成本预测

年份	2015	2016	2017	2018	2019	2020
生均公用成本/元	3171.75	4496.31	6374.03	9035.89	12809.38	18158.72

3.6.5　桂西区生均公用经费预测

　　表 3-47 为桂西区 2011—2014 年生均公用经费支出变化情况.

表 3-47　桂西区 2011—2014 年生均公用经费支出

年份	2011	2012	2013	2014
生均支出/元	1989.72	2001.91	2111.31	3027.06

　　根据真实值, 用 MATLAB 软件编程 (程序代码为附件 1, 2) 可以预

测出 2011—2014 年的生均成本, 并检验该模型是否通过. 计算结果如表 3-48 所示.

表 3-48   2011—2014 年桂西区生均成本预测值表   (单位: 元)

年份	真实值	预测值	误差	e_i	残差
2011	1989.72	1989.72	0	119.29	0
2012	2001.91	1848.86	-153.05	33.76	0.08%
2013	2111.31	2320.29	208.98	89.69	0.1%
2014	3027.06	2911.94	-115.12	4.17	0.04%

$S_0 = 289.95$, 对所有的 e_i 都有 $P(e_i < S_0) = 1$, 故小残差率与后验差比值 $C = 0.006 < 0.35$, 残差值不超过 0.1%, 参数 $a = -0.23$, $u = 1194.92$, 故 GM(1,1) 模型合格, 预测模型为 $x_0^{(k+1)} = 1476.28 \times \mathrm{e}^{0.23k}$. 根据此模型, 用 MATLAB 软件编程 (程序代码为附件 3) 预测出未来特殊教育 6 年的生均成本, 结果如表 3-49 所示.

表 3-49   2015—2020 年桂西区特教的生均公用成本预测

年份	2015	2016	2017	2018	2019	2020
生均公用成本/元	3654.44	4586.27	5755.71	7223.34	9065.2	11376.7

3.6.6 灰色组合预测模型的构建

在回归分析中, 因变量受到一个或多个自变量的影响并表现出特定的函数关系, 不同的自变量对因变量的影响程度并不相同, 这种影响程度通常用回归系数来表示, 而回归系数越大, 说明影响程度越大. 类似地, 在灰色组合预测模型中, 因变量序列与自变量序列之间在灰色关联度的测度下也表现出特定的函数关系, 灰色关联系数体现了自变量序列对因变量序列的影响程度, 而关联系数越大, 自变量序列对因变量序列的影响就越大, 在这个意义上, 回归系数与灰色关联系数具有完全相同的含义.

从上面的分析可以发现, 与回归分析一样, 灰色组合预测模型也是通过事物之间的因果关系建立预测模型, 体现了模型的 "回归" 特性. 根据自变量与因变量关联系数所占比重来建立灰色组合预测模型.

设 $R_t = r_{01}(t) + r_{02}(t) + \cdots + r_{0m}(t) = \sum_{i=1}^{m} r_{0i}(t)$, 则灰色组合预测模型为

$$x_0(t) = \frac{r_{01}(t)}{R_t} \times x_{01}(t) + \frac{r_{02}(t)}{R_t} \times x_{02}(t) + \cdots + \frac{r_{0m}(t)}{R_t} \times x_{0m}(t).$$

所以得出广西特殊教育生均公用经费的灰色组合预测模型公式为

$$X^{(k+1)} = 47.88\mathrm{e}^{0.12k} + 346.93\mathrm{e}^{0.17k} + 748.652\mathrm{e}^{0.3k} + 157.286\mathrm{e}^{0.35k} + 147.628\mathrm{e}^{0.23k}.$$

综上, 灰色组合预测模型的建模流程如图 3-20 所示.

根据此模型用 R 软件编程 (程序见附件 4)可预测出广西特殊教育未来 6 年的生均成本, 结果如表 3-50 所示.

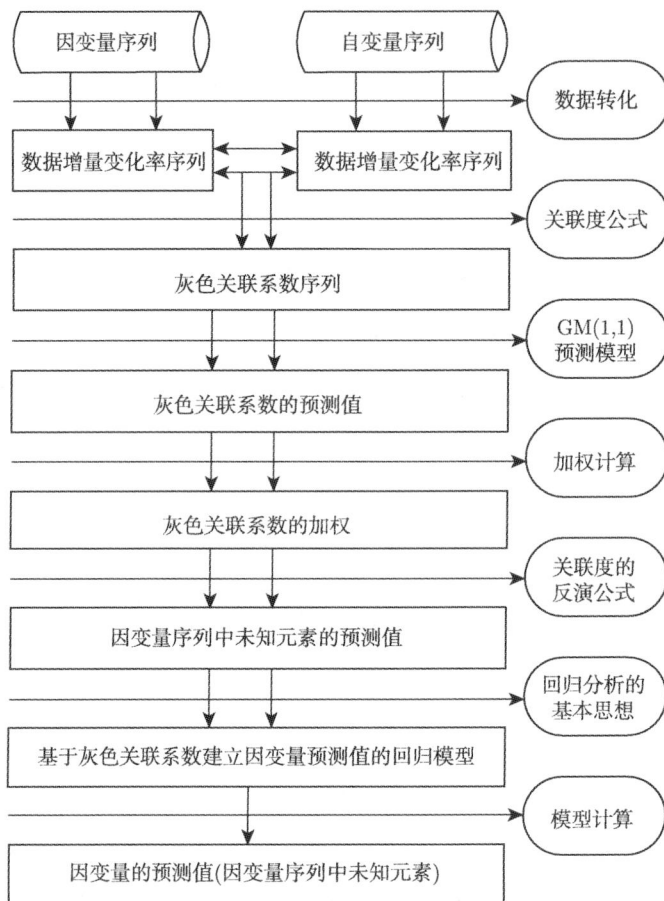

图 3-20　灰色组合预测模型的建模流程图

表 3-50 2015—2020 年广西特殊教育的生均成本预测

年份	2015	2016	2017	2018	2019	2020
生均公用成本/元	4256.055	5625.518	7460.782	9926.154	13245.335	17723.278

3.6.7 小结

我们应用回归分析和灰色预测模型预测了广西特殊教育生均公用成本, 通过预测结果可以大致看出广西特殊教育公用成本的情况, 但现实情况是广西各个地区特殊教育的发展是不均衡的, 因而这两种预测方法没能体现广西各个地区特殊教育的发展状况. 由于广西各地区特殊教育发展情况的差异, 特殊教育经费的投入也相应不同, 所以我们对桂北、桂南、桂西、桂东和桂中五个区赋予相应的权重. 运用灰色组合预测模型预测各个区的生均公用成本, 以此为基础来预测广西未来的特殊教育生均公用成本. 预测结果在一定程度上反映了广西各地区的特殊教育生均公用成本情况, 灰色组合预测模型比较合理、准确地预测了未来广西特殊教育的生均公用成本.

总之, 本节提出灰色组合预测模型, 从灰色关联度的视角, 分析事物发展变化的影响因素及其影响程度, 通过 GM(1,1) 模型预测影响因素的变化趋势, 然后按照回归分析的建模思想构建预测模型. 该模型具有建模简单、所需样本量小、满足 "回归性" 等特点. 灰色组合预测模型集成了回归分析及灰色理论的优点, 我们通过该模型获得了较好的预测效果, 研究成果具有重要的理论与实践意义.

第4章 广西公办幼儿园生均公用经费的预测

近年来, "入园难, 入园贵" 一直是人们讨论的热点话题, 而学前教育生均成本成为社会各界和教育部门讨论的热点及难点问题, 因此有必要建立学前教育生均成本预测模型. 我们从广西学前教育生均公用经费入手进行研究和探讨. 首先, 以教育部颁布的办学基本指标为计量标准, 收集 2011 年至 2014 年学前教育各指标的数据, 并对数据进行分析、处理, 剔除一些不相关的数据. 最后, 我们针对学前教育生均公用经费这类小样本、不确定、非线性的问题进行分析, 建立回归分析模型、灰色预测模型 GM(1,1)、灰色组合预测模型, 通过这几种模型对学前教育生均公用经费进行预测, 并比较其精度和各项评价指标, 从而得出最优的预测模型.

4.1 幼儿园教育公用经费差异变化趋势分析

4.1.1 幼儿园公务费方差分析

利用 SPSS20.0 软件对幼儿园教育公务费进行方差分析与方差齐性检验, 结果如表 4-1、表 4-2 所示.

表 4-1 幼儿教育公用经费各项数字特征描述

公务费							
年份	N	均值	标准差	标准误	均值的 95% 置信区间		极小值	极大值
					下限	上限		
2011	51	804128.2670	1643458.5455	230130.2270	341898.1025	1266358.4314	0.00	7.02E+006
2012	54	945809.5387	1973343.4831	268538.0345	407190.4514	1484428.6260	0.00	9.11E+006
2013	55	1188070.9191	2331128.5529	314329.3099	557878.5959	1818263.2423	0.00	1.03E+007
2014	56	1197956.4832	2370365.7379	316753.4455	563168.3932	1832744.5731	0.00	1.07E+007
总数	216	1039415.3718	2101852.2230	143012.9295	757528.4326	1321302.3110	0.00	1.07E+007

由表 4-1 可以看出广西 2011—2014 年年度幼儿园教育公务费的均

值、标准差、标准误、极小值和极大值等描述性信息.

表 4-2 方差齐性检验

公务费			
Levene 统计量	df1	df2	显著性
1.302	3	212	0.275

方差齐性检验值 $0.275 > 0.05$, 通过检验. 接着进行单因素方差分析, 结果如表 4-3 所示.

表 4-3 单因素方差分析

公务费				
	平方和	df	均方	F	显著性
组间	5919503763477.004	3	1973167921159.001	0.443	0.722
组内	943903791217552.4040	212	4452376373667.700		
总数	949823294981029.404	215			

从表 4-3 中我们可以看出组间平方和的 F 值为 0.443, 相应的概率值是 0.722, 大于显著水平 0.05. 这说明这几年幼儿园教育公务费投入是逐年递增的, 尽管并无显著的变化. 下面进行多重比较, 结果如表 4-4 所示.

表 4-4 多重比较

因变量: 公务费 LSD						
					95%置信区间	
(I) 年份	(J) 年份	均值差 $(I-J)$	标准误	显著性	下限	上限
2011	2012	−141681.27172	412010.81521	0.731	−953844.0000	670481.4566
	2013	−383942.65211	410187.51227	0.350	−1192511.2546	424625.9504
	2014	−393828.21620	408421.61853	0.336	−1198915.8589	411259.4265
2012	2011	141681.27172	412010.81521	0.731	−670481.4566	953844.0000
	2013	−242261.38039	404232.25011	0.550	−1039090.8688	554568.1081
	2014	−252146.94448	402440.22573	0.532	−1045443.9640	541150.0750
2013	2011	383942.65211	410187.51227	0.350	−424625.9504	1192511.2546
	2012	242261.38039	404232.25011	0.550	−554568.1081	1039090.8688
	2014	−9885.56409	400573.36240	0.980	−799502.5908	779731.4626

续表

		因变量: 公务费 LSD				
(I) 年份	(J) 年份	均值差 $(I-J)$	标准误	显著性	95% 置信区间	
					下限	上限
2014	2011	393828.21620	408421.61853	0.336	−411259.4265	1198915.8589
	2012	252146.94448	402440.22573	0.532	−541150.0750	1045443.9640
	2013	9885.56409	400573.36240	0.980	−779731.4626	799502.5908

从表 4-4 中我们可以看出任意两年的公务费都是无显著的差异. 下面绘制公务费均值图, 如图 4-1 所示.

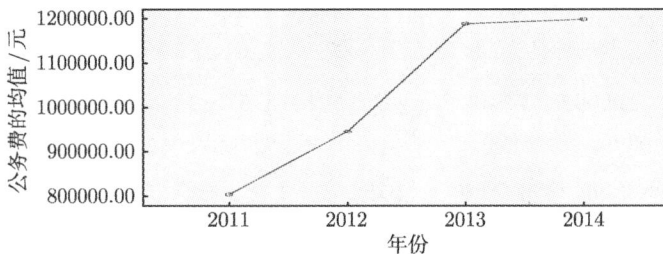

图 4-1　公务费均值图

4.1.2　幼儿园业务费方差分析

利用 SPSS20.0 软件对幼儿园教育业务费进行方差与方差齐性检验分析, 结果如表 4-5、表 4-6 所示.

表 4-5　幼儿教育公用经费各项数字特征描述

					业务费			
年份	N	均值	标准差	标准误	均值的 95% 置信区间		极小值	极大值
					下限	上限		
2011	51	84577.9076	179913.1128	25192.8749	33976.5293	135179.2860	0.00	833140.64
2012	54	105497.4383	235123.6288	31996.2732	41321.0416	169673.8351	0.00	1.10E+006
2013	55	122965.1053	237032.9083	31961.5108	58886.1342	187044.0764	0.00	1.02E+006
2014	56	134782.0957	267558.4851	35754.0065	63129.4655	206434.7260	0.00	1.38E+006
总数	216	112598.2089	232238.4477	15801.8249	81451.8778	143744.5399	0.00	1.38E+006

由表 4-5 可以看出广西 2011—2014 年幼儿园教育业务费的均值、标准差、标准误、极小值和极大值等描述性信息.

表 4-6 方差齐性检验

业务费			
Levene 统计量	df1	df2	显著性
1.306	3	212	0.273

由表 4-6 可知, 方差齐性检验值 0.273 > 0.05, 通过检验. 接着进行单因素方差分析, 结果如表 4-7 所示.

表 4-7 单因素方差分析

业务费				
	平方和	df	均方	F	显著性
组间	76234712812.337	3	25411570937.446	0.468	0.705
组内	11519725051413.613	212	54338325714.215		
总数	11595959764225.951	215			

表 4-7 给出了方差分析的结果, 从表中我们可以看出组间平方和的 F 值为 0.468, 相应的概率值是 0.705, 大于显著水平 0.05. 这说明这几年幼儿园教育业务费投入是逐年递增的, 尽管并无显著的变化. 下面进行多重比较, 结果如表 4-8 所示.

表 4-8 多重比较

		因变量: 业务费 LSD			95%置信区间	
(I) 年份	(J) 年份	均值差 $(I-J)$	标准误	显著性	下限	上限
2011	2012	−20919.53069	45516.18018	0.646	−110641.7994	68802.7380
	2013	−38387.19763	45314.75395	0.398	−127712.4115	50938.0163
	2014	−50204.18810	45119.66990	0.267	−139144.8490	38736.4728
2012	2011	20919.53069	45516.18018	0.646	−68802.7380	110641.7994
	2013	−17467.66694	44656.85669	0.696	−105496.0226	70560.6887
	2014	−29284.65741	44458.88590	0.511	−116922.7697	58353.4548
2013	2011	38387.19763	45314.75395	0.398	−50938.0163	127712.4115
	2012	17467.66694	44656.85669	0.696	−70560.6887	105496.0226
	2014	−11816.99047	44252.64742	0.790	−99048.5619	75414.5810

续表

因变量: 业务费 LSD					
(*I*) 年份 (*J*) 年份	均值差 (*I* − *J*)	标准误	显著性	95% 置信区间	
				下限	上限
2014	2011	50204.18810	45119.66990	0.267	−38736.4728	139144.8490
	2012	29284.65741	44458.88590	0.511	−58353.4548	116922.7697
	2013	11816.99047	44252.64742	0.790	−75414.5810	99048.5619

表 4-8 给出了多重比较的结果, 从表中我们可以看出任意两年的业务费都是无显著的差异. 下面绘制业务费均值图, 结果如图 4-2 所示.

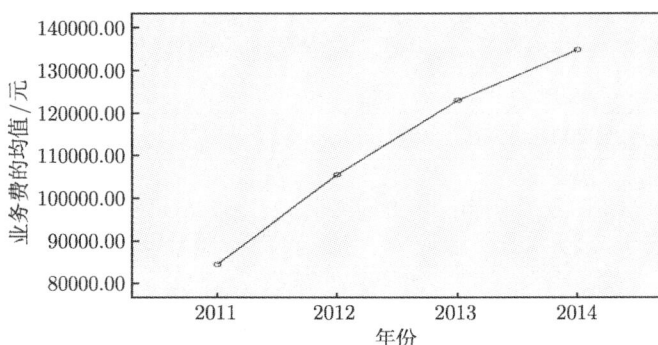

图 4-2　业务费均值图

4.1.3　幼儿园设备购置费方差分析

利用 SPSS20.0 软件对幼儿园教育设备购置费进行方差分析与方差齐性检验, 结果如表 4-9、表 4-10 所示.

表 4-9　幼儿教育公用经费各项数字特征描述

设备购置费							
年份	*N*	均值	标准差	标准误	均值的 95% 置信区间		极小值	极大值
					下限	上限		
2011	51	273707.2296	661496.6289	92628.0555	87658.3047	459756.1545	0.00	3.13E+006
2012	54	250058.1360	603598.0927	82139.2965	85307.5710	414808.7010	0.00	3.45E+006
2013	55	434934.7836	958206.0814	129204.4817	175895.3944	693974.1729	0.00	5.56E+006
2014	56	487903.9468	1146572.7333	153217.2263	180849.7637	794958.1299	0.00	6.32E+006
总数	216	364380.7508	876904.9403	59665.8238	246775.8845	481985.6171	0.00	6.32E+006

由表 4-9 可以看出广西 2011—2014 年年度幼儿园教育设备购置费的均值、标准差、标准误、最小值和最大值等描述性信息.

表 4-10 方差齐性检验

设备购置费			
Levene 统计量	df1	df2	显著性
2.365	3	212	0.072

方差齐性检验值 0.072 大于 0.05, 通过检验. 接着进行单因素方差分析, 结果如表 4-11 所示.

表 4-11 单因素方差分析

	设备购置费				
	平方和	df	均方	F	显著性
组间	2253297525942.469	3	751099175314.156	0.976	0.405
组内	163073591454038.280	212	769215054028.482		
总数	165326888979980.750	215			

表 4-11 给出了方差分析的结果, 从表中我们可以看出组间平方和的 F 值为 0.976, 相应的概率值是 0.405, 大于显著水平 0.05. 这说明这几年幼儿园教育设备购置费投入是逐年递增的, 尽管并无显著的变化. 下面进行多重比较, 结果如表 4-12 所示.

表 4-12 多重比较

		因变量: 设备购置费 LSD			95% 置信区间	
(I) 年份	(J) 年份	均值差 $(I-J)$	标准误	显著性	下限	上限
2011	2012	23649.09361	171252.36156	0.890	−313926.4749	361224.6622
	2013	−161227.55403	170494.50540	0.345	−497309.2236	174854.1156
	2014	−214196.71720	169760.51139	0.208	−548831.5253	120438.0909
2012	2011	−23649.09361	171252.36156	0.890	−361224.6622	313926.4749
	2013	−184876.64764	168019.19973	0.272	−516078.9526	146325.6573
	2014	−237845.81080	167274.34451	0.157	−567579.8445	91888.2229

续表

因变量: 设备购置费 LSD						
(I) 年份	(J) 年份	均值差 ($I - J$)	标准误	显著性	95% 置信区间	
					下限	上限
2013	2011	161227.55403	170494.50540	0.345	−174854.1156	497309.2236
	2012	184876.64764	168019.19973	0.272	−146325.6573	516078.9526
	2014	−52969.16317	166498.38246	0.751	−381173.6072	275235.2809
2014	2011	214196.71720	169760.51139	0.208	−120438.0909	548831.5253
	2012	237845.81080	167274.34451	0.157	−91888.2229	567579.8445
	2013	52969.16317	166498.38246	0.751	−275235.2809	381173.6072

表 4-12 给出了多重比较的结果, 从表中我们可以看出任意两年的设备购置费都是无显著的差异. 下面绘制设备购置费均值图, 如图 4-3 所示.

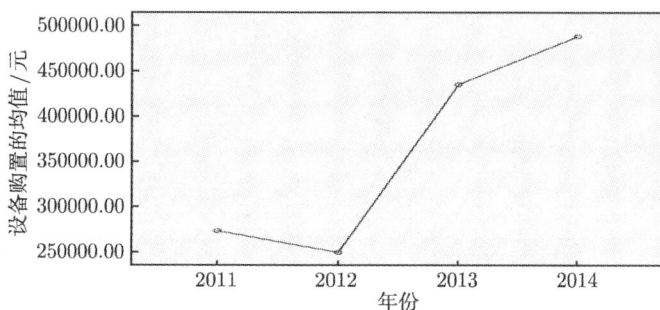

图 4-3　设备购置费均值图

4.1.4　幼儿园仪器房屋维修费方差分析

利用 SPSS20.0 软件对幼儿园教育仪器房屋维修费进行方差分析与方差齐性检验, 结果如表 4-13、表 4-14 所示.

表 4-13　幼儿教育公用经费各项数字特征描述

仪器房屋维修费								
年份	N	均值	标准差	标准误	均值的 95% 置信区间		极小值	极大值
					下限	上限		
2011	51	294522.4633	612166.8878	85720.5101	122347.7517	466697.1750	0.00	3.46E+006
2012	54	269141.4817	630487.8356	85798.5270	97051.4297	441231.5336	0.00	2.91E+006

续表

年份	N	均值	标准差	标准误	均值的 95% 置信区间		极小值	极大值
					下限	上限		
2013	55	422636.8476	808631.7717	109035.8859	204033.0584	641240.6368	0.00	3.56E+006
2014	56	475830.1147	1087744.3329	145355.9506	184530.2801	767129.9493	0.00	5.53E+006
总数	216	367804.6235	812143.9767	55259.39835	258885.0823	476724.1647	0.00	5.53E+006

由表 4-13 可以看出广西 2011—2014 年年度仪器房屋维修费的均值、标准差、标准误、极小值和极大值等描述性信息.

表 4-14 方差齐性检验

仪器房屋维修费			
Levene 统计量	df1	df2	显著性
2.372	3	212	0.071

由表 4-14 可知, 方差齐性检验值 0.071 大于 0.05, 通过检验. 接着进行单因素方差分析, 结果如表 4-15 所示.

表 4-15 单因素方差分析

仪器房屋维修费				
	平方和	df	均方	F	显著性
组间	1618396346762.769	3	539465448920.923	0.816	0.486
组内	140190839024024.310	212	661277542566.153		
总数	141809235370787.100	215			

表 4-15 给出了方差分析的结果, 从表中我们可以看出组间平方和的 F 值为 0.816, 相应的概率值是 0.486, 大于显著水平 0.05. 说明这几年仪器房屋维修费投入是逐年递增的, 尽管并无显著的变化. 下面进行多重比较, 结果如表 4-16 所示.

表 4-16 给出了多重比较的结果, 从表中我们可以看出任意两年的仪器房屋维修费都是无显著的差异. 下面绘制仪器房屋维修费均值图, 结果如图 4-4 所示.

表 4-16　多重比较

因变量: 仪器房屋维修费 LSD

(I) 年份	(J) 年份	均值差 $(I-J)$	标准误	显著性	95％置信区间 下限	上限
2011	2012	25380.98167	158783.20674	0.873	−287615.1768	338377.1401
	2013	−128114.38430	158080.53129	0.419	−439725.4169	183496.6483
	2014	−181307.65134	157399.98053	0.251	−491577.1707	128961.8681
2012	2011	−25380.98167	158783.20674	0.873	−338377.1401	287615.1768
	2013	−153495.36597	155785.45652	0.326	−460582.3082	153591.5762
	2014	−206688.63300	155094.83539	0.184	−512414.2111	99036.9451
2013	2011	128114.38430	158080.53129	0.419	−183496.6483	439725.4169
	2012	153495.36597	155785.45652	0.326	−153591.5762	460582.3082
	2014	−53193.26703	154375.37236	0.731	−357500.6274	251114.0933
2014	2011	181307.65134	157399.98053	0.251	−128961.8681	491577.1707
	2012	206688.63300	155094.83539	0.184	−99036.9451	512414.2111
	2013	53193.26703	154375.37236	0.731	−251114.0933	357500.6274

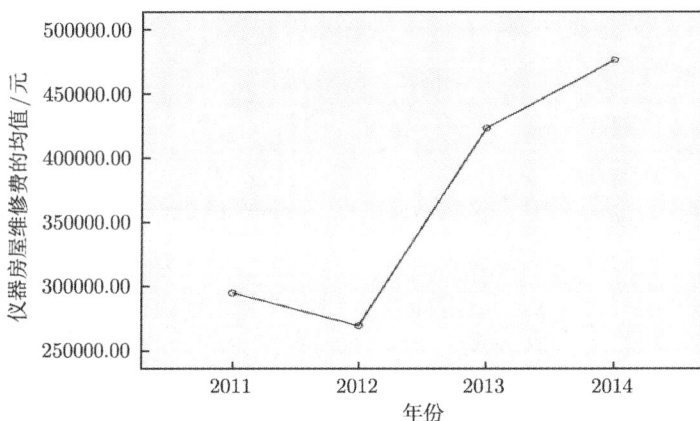

图 4-4　仪器房屋维修费均值图

4.1.5　幼儿园其他费用方差分析

利用 SPSS20.0 软件对幼儿园教育其他费用进行方差分析与方差齐性检验, 结果如表 4-17、表 4-18 所示.

表 4-17 幼儿教育公用经费各项数字特征描述

					均值的 95% 置信区间			
年份	N	均值	标准差	标准误	下限	上限	极小值	极大值
2011	51	526985.4482	1190205.9445	166662.1680	192234.6321	861736.2644	0.00	5.61E+006
2012	54	1057543.6176	4483821.4248	610170.8105	−166304.0420	2281391.2772	0.00	3.25E+007
2013	55	712803.3965	1876908.1607	253082.2448	205404.0458	1220202.7473	0.00	1.11E+007
2014	56	1023108.1066	3436793.4667	459260.8451	102728.8059	1943487.4073	0.00	2.40E+007
总数	216	835564.1388	3039704.2419	206825.6767	427898.5021	1243229.7756	0.00	3.25E+007

由表 4-17 可以看出广西 2011—2014 年年度幼儿园教育其他费用的均值、标准差、标准误、极小值和极大值等描述性信息.

表 4-18 方差齐性检验

其他费用

Levene 统计量	df1	df2	显著性
1.191	3	212	0.314

由表 4-18 可知, 方差齐性检验值 0.314 > 0.05, 通过检验. 接着进行单因素方差分析, 结果如表 4-19 所示.

表 4-19 单因素方差分析

其他费用

	平方和	df	均方	F	显著性
组间	10315639651419.928	3	3438546550473.309	0.369	0.776
组内	1976241764147006.000	212	9321895113900.973		
总数	1986557403798426.000	215			

表 4-19 给出了方差分析的结果, 从表中我们可以看出组间平方和的 F 值为 0.369, 相应的概率值是 0.776, 大于显著水平 0.05. 这说明这几年幼儿教育其他费用投入是逐年递增的, 尽管并无显著的变化. 下面进行多重比较, 结果如表 4-20 所示.

表 4-20 给出了多重比较的结果, 从表中我们可以看出任意两年的幼儿园教育其他费用都是无显著的差异. 下面绘制幼儿园教育其他费用均

值图, 如图 4-5 所示.

表 4-20   多重比较

因变量: 其他费用 LSD

(I) 年份	(J) 年份	均值差 (I − J)	标准误	显著性	95% 置信区间	
					下限	上限
	2012	−530558.16936	596162.68286	0.374	−1705724.1920	644607.8533
2011	2013	−185817.94831	593524.43859	0.755	−1355783.4190	984147.5224
	2014	−496122.65837	590969.26306	0.402	−1661051.3236	668806.0069
	2011	530558.16936	596162.68286	0.374	−644607.8533	1705724.1920
2012	2013	344740.22105	584907.41948	0.556	−808239.2350	1497719.6771
	2014	34435.51099	582314.43400	0.953	−1113432.6080	1182303.6299
	2011	185817.94831	593524.43859	0.755	−984147.5224	1355783.4190
2013	2012	−344740.22105	584907.41948	0.556	−1497719.6771	808239.2350
	2014	−310304.71006	579613.15963	0.593	−1452848.0310	832238.6109
	2011	496122.65837	590969.26306	0.402	−668806.0069	1661051.3236
2014	2012	−34435.51099	582314.43400	0.953	−1182303.6299	1113432.6080
	2013	310304.71006	579613.15963	0.593	−832238.6109	1452848.0310

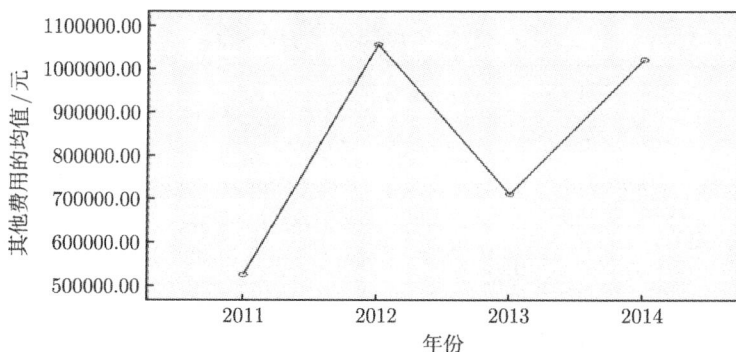

图 4-5   幼儿园教育其他费用

4.1.6   小结

总的来说, 这几年各项的费用的投入是增加的, 但是根据方差分析的结果可以看出, 随着幼儿园教育在校生人数的增加, 幼儿园教育公用经费的投入尽管也是逐年递增的, 尽管并无显著的变化. 这说明公用经费的需求变化加大, 因而需要继续加大对幼儿园教育的支持力度.

4.2 基于回归分析模型的广西公办幼儿园生均公用经费预测

4.2.1 回归模型的判定

表 4-21 是 2011—2014 年广西公办幼儿园公用经费平均数. 从平均数看, 政府对公办幼儿园的生均投入在不断增大.

表 4-21 2011—2014 年广西公办幼儿园公用经费平均数

年份	2011	2012	2013	2014
生均公用经费平均数/元	716.3	950.85	908.55	941.5

在客观世界中, 变量之间的关系并非都是直线关系, 要根据不同的对象提出不同的方法. 因此, 在确定回归模型之前, 用 SPSS20.0 软件绘出生均公用经费与年份的折线图. 从图 4-6 中可以看出生均公用经费与年份并非是直线关系, 而是曲线关系, 因此可进行曲线回归分析.

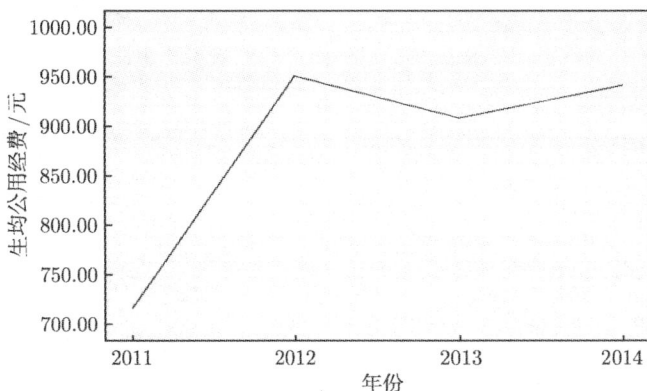

图 4-6 2011—2014 年广西公办幼儿园生均公用经费折线图

4.2.2 曲线回归模型的建立与选取

考虑线性模型: 对数模型、二次模型、三次模型、复合模型以及增长模型.

首先, 根据图 4-6 可建立曲线回归预测方程; 其次, 根据各种曲线的拟合度及评价指标 (绝对误差、相对误差), 对比不同曲线的拟合度及评价指标; 选择出最佳的预测模型. 不同曲线的拟合度可从表 4-22 和图 4-7 看出.

表 4-22　模型汇总和参数估计值

	因变量: 生均公用经费								
方程	模型汇总					参数估计值			
	R 方	F	df1	df2	Sig.	常数	b1	b2	b3
对数	0.715	5.006	1	2	0.155	756.220	154.912		
二次	0.830	2.437	2	1	0.413	468.975	315.330	−50.400	
三次	1.000	.	3	0	.	−147.200	1295.342	−490.525	58.683
复合	0.558	2.528	1	2	0.253	719.848	1.081		
增长	0.558	2.528	1	2	0.253	6.579	0.077		
	自变量为序列								

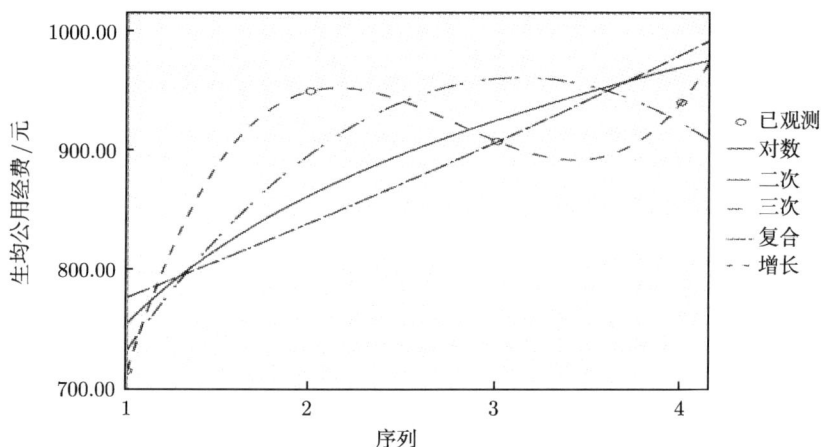

图 4-7　幼儿教育生均公用经费

由表 4-22 和图 4-7 可知, 拟合优度 R 方值 (模型的拟合度情况) 最大的是三次曲线, 其次是二次曲线, 因此二次模型和三次模型比较符合实际情况.

通过三次模型拟出 2015 年生均公用经费为 1401.80 元. 通过二次模型拟出 2015 年生均公用经费为 785.63 元, 准确地说, 有 95% 的可能在 -2173.55 到 3744.80 元之间. 说明随着社会的发展, 地方财政对教育事业投入的不断增大, 生均经费也随之增大, 学生能在更好的环境下学习.

从表 4-22 可以得出广西各公办幼儿园每年的生均费用 S 与年份 Y 的函数关系如下.

二次模型:

$$S_2 = 468.975 + 315.330 * (Y - 2010) - 50.400 * (Y - 2010)^2.$$

三次模型:

$$S_3 = -147.200 + 1295.342 * (Y - 2010)$$
$$- 490.525 * (Y - 2010)^2 + 58.683 * (Y - 2010)^3.$$

最后运行 EXCEL 软件计算出二次模型和三次模型中 2015—2020 年公办幼儿园生均公用经费的预测值, 结果如表 4-23 和表 4-24 所示.

表 4-23　二次模型中 2015—2020 年公办幼儿园生均公用经费的预测值

年份	2015	2016	2017	2018	2019	2020
生均公用经费/元	785.63	546.56	206.69	-233.99	-775.46	-1417.73

由表 4-23 可知, 二次模型模拟不符合实际, 应舍弃.

表 4-24　三次模型中 2015—2020 年公办幼儿园生均公用经费的预测值

年份	2015	2016	2017	2018	2019	2020
生均公用经费/元	1401.76	2641.48	5012.74	8867.63	14558.26	22436.72

由表 4-24 可知, 三次模型模拟也比较不合理, 故回归模型不适合广西公办幼儿园生均数的预测, 下面采用灰色模型进行预测.

4.3　基于灰色预测 GM(1,1) 模型的广西公办幼儿园生均公用经费预测

表 4-25 是广西公办幼儿园生均公用经费实际支出情况.

表 4-25　广西公办幼儿园生均公用经费实际支出情况

年份	生均公用经费实际支出 (元/生)
2011	716.30
2012	950.85
2013	908.55
2014	941.50

根据真实值, 用 MATLAB 软件编程 (程序代码为附件 1, 2) 可以预测出 2011—2014 年的生均公用成本, 并检验该模型是否通过. 计算结果如表 4-26 所示.

表 4-26　2011—2014 年的生均公用成本预测值表 (单位: 元)

年份	真实值	预测值	误差	e_i	残差
2011	716.30	716.30	0	12.76	0.00%
2012	950.85	938.37	−12.48	0.28	0.013%
2013	908.55	933.62	25.07	12.3	0.03%
2014	941.50	928.9	−12.60	0.74	0.014%

$S_0 = 24.22$, 对所有的 e_i 都有 $P(e_i < S_0) = 1$, 故小残差率与后验差比值 $C = 0.012 < 0.35$, 残差值不超过 0.1%, 参数 $a = -0.005$, $u = 944.39$, 故 GM(1,1) 模型合格, 预测模型为 $x_0^{(k+1)} = 945.61 \times e^{0.005k}$. 根据此模型, 用 MATLAB 软件编程 (程序代码为附件 3) 预测出特殊教育未来 6 年的生均公用成本, 其结果如表 4-27 所示.

表 4-27　2015—2020 年广西公办幼儿园生均公用成本预测表

年份	2015	2016	2017	2018	2019	2020
生均公用/元	924.19	919.52	914.86	910.23	905.62	901.04

4.4　广西公办幼儿园分区灰色组合预测

4.4.1　桂北区预测

表 4-28 为桂北区公办幼儿园生均公用经费实际支出情况.

表 4-28　桂北区公办幼儿园生均公用经费实际支出情况

年份	生均公用经费实际支出 (元/生)
2011	1189.04
2012	1294.12
2013	1210.60
2014	1340.67

根据真实值, 用 MATLAB 软件编程 (程序代码为附件 1, 2) 可以预测出 2011—2014 年的生均公用成本, 并检验该模型是否通过. 计算结果如表 4-29 所示.

表 4-29　2011—2014 年桂北区生均公用成本预测值表 (单位: 元)

年份	真实值	预测值	误差	e_i	残差
2011	1189.04	1189.04	0	35.34	0.00%
2012	1294.12	1257.89	-36.23	0.69	0.028%
2013	1210.60	1281.60	71.00	35.47	0.059%
2014	1340.67	1305.76	34.91	0.62	0.026%

$S_0 = 31.96$, 对所有的 e_i 都有 $P(e_i < S_0) = 0.5$, 故小残差率与后验差比值 $C = 0.008 < 0.35$, 残差值不超过 0.1%, 参数 $a = -0.02$, $u = 1223.98$, 故 GM(1,1) 模型合格, 预测模型为 $x_0^{(k+1)} = 1235.28 \times e^{0.02k}$. 根据此模型, 用 MATLAB 软件编程 (程序代码为附件 3) 预测出特殊教育未来 6 年的生均成本, 其结果如表 4-30 所示.

表 4-30　2015—2020 年桂北区公办幼儿园生均公用成本预测表

年份	2015	2016	2017	2018	2019	2020
生均公用/元	1330.37	1355.44	1380.99	1407.02	1433.54	1460.56

4.4.2　桂中区预测

表 4-31 为桂中区公办幼儿园生均公用经费实际支出情况.

表 4-31　桂中区公办幼儿园生均公用经费实际支出情况

年份	生均公用经费实际支出 (元/生)
2011	830.38
2012	773.13
2013	996.50
2014	830.14

根据真实值, 用 MATLAB 软件编程 (程序代码为附件 1, 2) 可以预测出 2011—2014 年的生均公用成本, 并检验该模型是否通过. 计算结果如表 4-32 所示.

表 4-32　2011—2014 年桂中区生均公用成本预测值表 (单位: 元)

年份	真实值	预测值	误差	e_i	残差
2011	830.38	830.38	0	65.08	0.00%
2012	773.13	840.22	67.09	2.01	0.087%
2013	996.50	8662.93	−130.2	65.13	0.13%
2014	830.14	893.17	63.03	2.05	0.076%

$S_0 = 10.67$, 对所有的 e_i 都有 $P(e_i < S_0) = 0.5$, 故小残差率与后验差比值 $C = 0.07 < 0.35$, 残差值不超过 0.15%, 参数 $a = -0.03$, $u = 802.1$, 故 GM(1,1) 模型合格, 预测模型为 $x_0^{(k+1)} = 814.73 \times e^{0.03k}$. 根据此模型, 用 MATLAB 软件编程 (程序代码为附件 3) 预测出特殊教育未来 6 年的生均公用成本, 其结果如表 4-33 所示.

表 4-33　2015—2020 年桂中区公办幼儿园生均公用成本预测表

年份	2015	2016	2017	2018	2019	2020
生均公用/元	920.89	949.46	978.92	1009.3	1040.61	1072.9

4.4.3　桂东区预测

表 4-34 为桂东区公办幼儿园生均公用经费实际支出情况.

表 4-34 桂东区公办幼儿园生均公用经费实际支出情况

年份	生均公用经费实际支出 (元/生)
2011	949.67
2012	1603.25
2013	1236.10
2014	1445.00

根据真实值, 用 MATLAB 软件编程 (程序代码为附件 1, 2) 可以预测出 2011—2014 年的生均公用成本, 并检验该模型是否通过. 计算结果如表 4-35 所示.

表 4-35 2011—2014 年桂东区生均公用成本预测值表 (单位: 元)

年份	真实值	预测值	误差	e_i	残差
2011	949.67	949.67	0	95.31	0.00%
2012	1603.25	1512.99	-90.26	5.06	0.56%
2013	1236.10	1425.86	189.76	94.44	0.15%
2014	1445.00	1343.75	-101.25	5.93	0.07%

$S_0 = 53.15$, 对所有的 e_i 都有 $P(e_i < S_0) = 0.5$, 故小残差率与后验差比值 $C = 0.04 < 0.35$, 残差值不超过 0.6%, 参数 $a = -0.06$, $u = 1614.62$, 故 GM(1,1) 模型合格, 预测模型为 $x_0^{(k+1)} = 1622.44 \times e^{0.06k}$. 根据此模型, 用 MATLAB 软件编程 (程序代码为附件 3)预测出特殊教育未来 6 年的生均成本, 其结果如表 4-36 所示.

表 4-36 2015—2020 年桂东区公办幼儿园生均公用成本预测

年份	2015	2016	2017	2018	2019	2020
生均公用/元	1266.37	1193.45	1124.72	1059.95	998.91	941.39

4.4.4 桂南区预测

表 4-37 为桂南区公办幼儿园生均公用经费实际支出情况.

表 4-37　桂南区公办幼儿园生均公用经费实际支出情况

年份	生均公用经费实际支出 (元/生)
2011	513.54
2012	563.44
2013	702.45
2014	714.15

根据真实值, 用 MATLAB 软件编程 (程序代码为附件 1, 2) 可以预测出 2011—2014 年的生均公用成本, 并检验该模型是否通过. 计算结果如表 4-38 所示.

表 4-38　2011—2014 年桂南区生均公用成本预测值表　(单位: 元)

年份	真实值	预测值	误差	e_i	残差
2011	513.54	513.54	0	22.41	0.00%
2012	563.44	588.08	24.64	2.23	0.04%
2013	702.45	656.77	−45.68	23.27	0.065%
2014	714.15	733.48	19.33	3.08	0.027%

$S_0 = 35.34$, 对所有的 e_i 都有 $P(e_i < S_0) = 1$, 故小残差率与后验差比值 $C = 0.03 < 0.35$, 残差值不超过 0.07%, 参数 $a = -0.11$, $u = 499.46$, 故 GM(1,1) 模型合格, 预测模型为 $x_0^{(k+1)} = 526.46 \times e^{0.11k}$. 根据此模型, 用 MATLAB 软件编程 (程序代码为附件 3)预测出特殊教育未来 6 年的生均成本, 其结果如表 4-39 所示.

表 4-39　2015—2020 年桂南区公办幼儿园生均公用成本预测表

年份	2015	2016	2017	2018	2019	2020
生均公用/元	819.16	914.84	1021.7	1141.04	1274.31	1423.16

4.4.5　桂西区预测

表 4-40 为桂西区公办幼儿园生均公用经费实际支出情况.

表 4-40 桂西区公办幼儿园生均公用经费实际支出情况

年份	生均公用经费实际支出 (元/生)
2011	1279.19
2012	1301.25
2013	1418.80
2014	1583.41

根据真实值, 用 MATLAB 软件编程 (程序代码为附件 1, 2) 可以预测出 2011 至 2014 年的生均公用成本, 并检验该模型是否通过. 计算结果如表 4-41 所示.

表 4-41 2011—2014 年桂西区公办幼儿园生均公用成本预测值表 (单位: 元)

年份	真实值	预测值	误差	e_i	残差
2011	1279.19	1279.19	0	5.87	0.00%
2012	1301.25	1294.05	−7.2	1.34	0.006%
2013	1418.80	1428.44	9.64	3.77	0.007%
2014	1583.41	1576.79	−6.62	0.75	0.004%

$S_0 = 73.11$, 对所有的 e_i 都有 $P(e_i < S_0) = 1$, 故小残差率与后验差比值 $C = 0.004 < 0.35$, 残差值不超过 0.01%, 参数 $a = -0.1$, $u = 1104.78$, 故 GM(1,1) 模型合格, 预测模型为 $x_0^{(k+1)} = 1173.07 \times e^{0.1k}$. 根据此模型, 用 MATLAB 软件编程 (程序代码为附件 3) 预测出未来特殊教育 6 年的生均成本, 其结果如表 4-42 所示.

表 4-42 2015—2020 年桂西区公办幼儿园生均公用成本预测表

年份	2015	2016	2017	2018	2019	2020
生均公用/元	1740.55	1921.31	2120.86	2341.12	2584.25	2852.64

4.4.6 广西公办幼儿园生均公用经费的灰色组合预测模型

由上文, 根据灰色组合预测模型的原理, 得出广西公办幼儿园生均公

用经费的灰色组合预测模型公式

$$X^{(k+1)} = 123.53e^{0.02k} + 162.95e^{0.03k} + 648.98e^{0.06k} + 105.28e^{0.11k} + 117.3e^{0.1k}.$$

根据此模型, 用 R 软件编程 (程序见附件 5) 可预测出广西公办幼儿园教育未来 6 年的生均公用成本, 如表 4-43 所示.

表 4-43　2015—2020 年广西公办幼儿园生均公用成本预测表

年份	2015	2016	2017	2018	2019	2020
生均公用成本/元	1299.27	1343.20	1391.34	1444.17	1502.19	1565.98

4.5　小　　结

我们应用回归分析和灰色预测模型预测了广西幼儿教育生均公用成本, 通过预测结果可以大致看出广西幼儿教育公用成本的情况, 但现实情况是广西各个地区幼儿教育的发展是不均衡的, 因而这两种预测方法没能体现广西各个地区幼儿教育的发展状况. 由于广西各地区幼儿教育发展情况的差异, 幼儿教育经费的投入也相应不同, 所以我们对桂北、桂南、桂西、桂东和桂中五个区赋予相应的权重. 运用灰色组合预测模型预测各个区的生均公用成本, 以此为基础来预测广西未来的幼儿教育生均公用成本. 预测结果在一定程度上反映了广西各地区的幼儿教育生均公用成本情况, 灰色组合预测模型比较合理、准确地预测未来广西幼儿教育的生均公用成本. 我们通过该模型获得了较好的预测效果, 研究成果对教育成本研究具有重要的借鉴作用.

第5章　广西普通高中学校生均公用经费的预测

教育成本概念从产生到逐渐完善经过了大约 60 年, 教育成本的核算发展尤为迅速. 然而, 在教育成本预测, 特别是广西高中教育生均成本的预测方面, 还没有人进行深入地研究. 本章根据 2011—2014 年生均成本的数据, 利用回归分析、灰色 GM(1,1)、灰色组合模型预测 2015—2020 年的生均成本, 对教育的投入有着一定的参考价值.

5.1　高中教育公用经费差异变化趋势分析

5.1.1　高中公务费方差分析

利用 SPSS20.0 软件对高中教育公务费进行方差分析与方差齐性检验, 结果如表 5-1、表 5-2 所示.

表 5-1　高中教育公用经费各项数字特征描述

					公务费			
年份	N	均值	标准差	标准误	均值的 95% 置信区间		极小值	极大值
					下限	上限		
2011	37	6185973.0861	9298713.6899	1528699.11386	3085627.5840	9286318.5882	75714.00	3.24E+007
2012	40	6112976.6547	9639279.5188	1524103.91412	3030185.5064	9195767.8029	7600.00	3.32E+007
2013	41	6460077.4319	10874410.1818	1698297.54641	3027690.0554	9892464.8084	12000.00	3.90E+007
2014	40	6606380.2077	11317810.3796	1789502.94626	2986768.8469	10225991.5685	22480.00	4.04E+007
总数	158	6345053.5025	10241848.8891	814797.74871	4735673.8191	7954433.1858	7600.00	4.04E+007

表 5-2　方差齐性检验

	公务费		
Levene 统计量	df1	df2	显著性
0.273	3	154	0.845

由表 5-1 可以看出广西 2011—2014 年年度高中教育公务费的均值、

标准差、标准误、最小值和最大值等描述性信息.

由表 5-2 可知方差齐性检验值 0.845 > 0.05, 通过检验. 接着进行单因素方差分析, 结果如表 5-3 所示.

表 5-3　单因素方差分析

	公务费				
	平方和	df	均方	F	显著性
组间	6364846502627.911	3	2121615500875.971	0.020	0.996
组内	16462223734153332.000	154	106897556715281.380		
总数	16468588580655960.000	157			

表 5-3 给出了方差分析的结果, 从表中我们可以看出组间平方和的 F 值为 0.02, 相应的概率值是 0.996, 大于显著水平 0.05. 说明这几年高中教育公务费投入是逐年递增的, 然并无显著的变化. 下面进行多重比较, 结果如表 5-4 所示.

表 5-4　多重比较

			因变量: 公务费 LSD		95% 置信区间	
(I) 年份	(J) 年份	均值差 $(I-J)$	标准误	显著性	下限	上限
2011	2012	72996.43146	2358296.43437	0.975	−4585790.0124	4731782.8753
	2013	−274104.34579	2344436.10178	0.907	−4905509.8682	4357301.1766
	2014	−420407.12159	2358296.43437	0.859	−5079193.5655	4238379.3223
2012	2011	−72996.43146	2358296.43437	0.975	−4731782.8753	4585790.0124
	2013	−347100.77725	2297758.99492	0.880	−4886296.2324	4192094.6779
	2014	−493403.55305	2311899.18374	0.831	−5060532.7824	4073725.6763
2013	2011	274104.34579	2344436.10178	0.907	−4357301.1766	4905509.8682
	2012	347100.77725	2297758.99492	0.880	−4192094.6779	4886296.2324
	2014	−146302.77580	2297758.99492	0.949	−4685498.2310	4392892.6794
2014	2011	420407.12159	2358296.43437	0.859	−4238379.3223	5079193.5655
	2012	493403.55305	2311899.18374	0.831	−4073725.6763	5060532.7824
	2013	146302.77580	2297758.99492	0.949	−4392892.6794	4685498.2310

表 5-4 给出了多重比较的结果, 从表中我们可以看出任意两年的公务费都是无显著的差异. 下面绘制公务费均值图, 如图 5-1 所示.

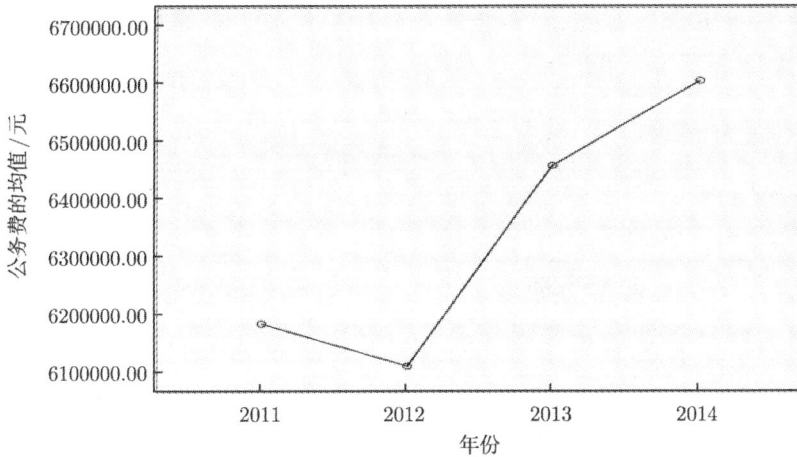

图 5-1 公务费均值图

5.1.2 高中业务费方差分析

利用 SPSS20.0 软件对高中教育在业务费进行方差分析与方差齐性检验, 结果如表 5-5、表 5-6 所示.

表 5-5   高中教育公用经费各项数字特征描述

年份	N	业务费						
		均值	标准差	标准误	均值的 95% 置信区间		极小值	极大值
					下限	上限		
2011	37	1345169.3018	2317324.8473	380965.8582	572534.7303	2117803.8733	0.00	8.29E+006
2012	40	1327441.4169	2444767.5534	386551.6910	545566.8214	2109316.0124	0.00	9.18E+006
2013	41	1556263.8690	2767416.0186	432197.7703	682759.5916	2429768.1464	0.00	8.95E+006
2014	40	1897480.3322	3810144.0929	602436.6773	678937.1350	3116023.5294	0.00	1.70E+007
总数	158	1535284.5111	2885570.9289	229563.6972	1081852.7843	1988716.2380	0.00	1.70E+007

由表 5-5 可知广西 2011—2014 年高中教育业务费的均值、标准差、标准误、最小值和最大值等描述性信息.

表 5-6   方差齐性检验

业务费			
Levene 统计量	df1	df2	显著性
1.332	3	154	0.266

由表 5-6 可知, 方差齐性检验值为 0.266 > 0.05, 通过检验. 接着进行单因素方差分析, 结果如表 5-7 所示.

表 5-7　单因素方差分析

业务费				
	平方和	df	均方	F	显著性
组间	8330748390983.022	3	2776916130327.674	0.329	0.804
组内	1298932826542280.500	154	8434628743781.042		
总数	1307263574933263.500	157			

表 5-7 给出了方差分析的结果, 从表中我们可以看出组间平方和的 F 值为 0.329, 相应的概率值是 0.804, 大于显著水平 0.05. 这说明这几年高中教育业务费投入是逐年递增的, 尽管并无显著的变化. 下面进行多重比较, 结果如表 5-8 所示.

表 5-8　多重比较

					95% 置信区间	
(I) 年份	(J) 年份	均值差 (I − J)	标准误	显著性	下限	上限
	2012	17727.88488	662441.43712	0.979	−1290917.2634	1326373.0332
2011	2013	−211094.56719	658548.09339	0.749	−1512048.4615	1089859.3271
	2014	−552311.03042	662441.43712	0.406	−1860956.1787	756334.1179
	2011	−17727.88488	662441.43712	0.979	−1326373.0332	1290917.2634
2012	2013	−228822.45208	645436.57386	0.723	−1503874.6961	1046229.7919
	2014	−570038.91530	649408.52873	0.381	−1852937.7087	712859.8781
	2011	211094.56719	658548.09339	0.749	−1089859.3271	1512048.4615
2013	2012	228822.45208	645436.57386	0.723	−1046229.7919	1503874.6961
	2014	−341216.46322	645436.57386	0.598	−1616268.7072	933835.7808
	2011	552311.03042	662441.43712	0.406	−756334.1179	1860956.1787
2014	2012	570038.91530	649408.52873	0.381	−712859.8781	1852937.7087
	2013	341216.46322	645436.57386	0.598	−933835.7808	1616268.7072

因变量: 业务费 LSD

表 5-8 给出了多重比较的结果, 从表中我们可以看出任意两年的业务费都是无显著的差异. 下面绘制业务费均值图, 如图 5-2 所示.

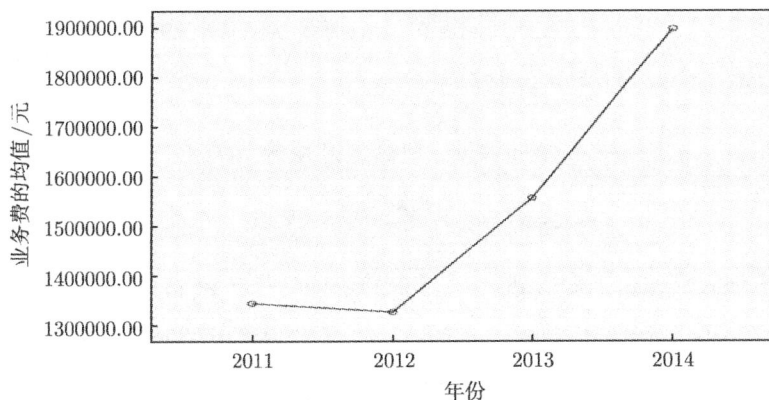

图 5-2 业务费均值图

5.1.3 高中设备购置费方差分析

利用 SPSS20.0 软件对高中教育设备购置费进行方差分析与方差齐性检验, 如表 5-9、表 5-10 所示.

表 5-9 高中教育公用经费各项数字特征描述

					均值的 95% 置信区间			
年份	N	均值	标准差	标准误	下限	上限	极小值	极大值
2011	37	2604705.6844	4460388.6845	733283.3827	1117538.0549	4091873.3139	0.00	1.78E+007
2012	40	2695806.1808	5126564.2341	810580.97755	1056251.3976	4335360.9640	0.00	1.89E+007
2013	41	3396183.3697	7052571.8482	1101426.6765	1170117.0195	5622249.7198	0.00	2.54E+007
2014	40	3822584.9086	7174259.95623	1134350.0994	1528145.2625	6117024.5548	0.00	2.91E+007
总数	158	3141476.4054	6066463.0381	482621.8859	2188206.8865	4094745.9243	0.00	2.91E+007

设备购置费

由表 5-9 可以看出广西 2011—2014 年年度高中教育设备购置费的均值、标准差、标准误、最小值和最大值等描述性信息.

表 5-10 方差齐性检验

设备购置费			
Levene 统计量	df1	df2	显著性
1.705	3	154	0.168

由表 5-10 可知, 方差齐性检验值 0.168 > 0.05, 通过检验. 接着进行单因素方差分析, 结果如表 5-11 所示.

表 5-11 单因素方差分析

	设备购置费				
	平方和	df	均方	F	显著性
组间	39821674692097.190	3	13273891564032.396	0.356	0.785
组内	5738088210665172.000	154	37260313056267.350		
总数	5777909885357269.000	157			

表 5-11 给出了方差分析的结果, 从表中我们可以看出组间平方和的 F 值为 0.356, 相应的概率值是 0.785, 大于显著水平 0.05. 这说明这几年高中教育设备购置费投入是逐年递增的, 尽管并无显著的变化. 下面进行多重比较, 结果如表 5-12 所示.

表 5-12 多重比较

		因变量: 设备购置费 LSD				
(I) 年份	(J) 年份	均值差 $(I-J)$	标准误	显著性	95%置信区间	
					下限	上限
2011	2012	−91100.49642	1392315.80987	0.948	−2841603.7521	2659402.7593
	2013	−791477.68528	1384132.80119	0.568	−3525815.5050	1942860.1345
	2014	−1217879.22427	1392315.80987	0.383	−3968382.4800	1532624.0314
2012	2011	91100.49642	1392315.80987	0.948	−2659402.7593	2841603.7521
	2013	−700377.18886	1356575.08076	0.606	−3380275.0610	1979520.6833
	2014	−1126778.72785	1364923.31389	0.410	−3823168.4349	1569610.9792
2013	2011	791477.68528	1384132.80119	0.568	−1942860.1345	3525815.5050
	2012	700377.18886	1356575.08076	0.606	−1979520.6833	3380275.0610
	2014	−426401.53899	1356575.08076	0.754	−3106299.4111	2253496.3331
2014	2011	1217879.22427	1392315.80987	0.383	−1532624.0314	3968382.4800
	2012	1126778.72785	1364923.31389	0.410	−1569610.9792	3823168.4349
	2013	426401.53899	1356575.08076	0.754	−2253496.3331	3106299.4111

表 5-12 给出了多重比较的结果, 从表中我们可以看出任两年的设备购置费都是无显著的差异. 下面绘制设备购置费均值图, 如图 5-3 所示.

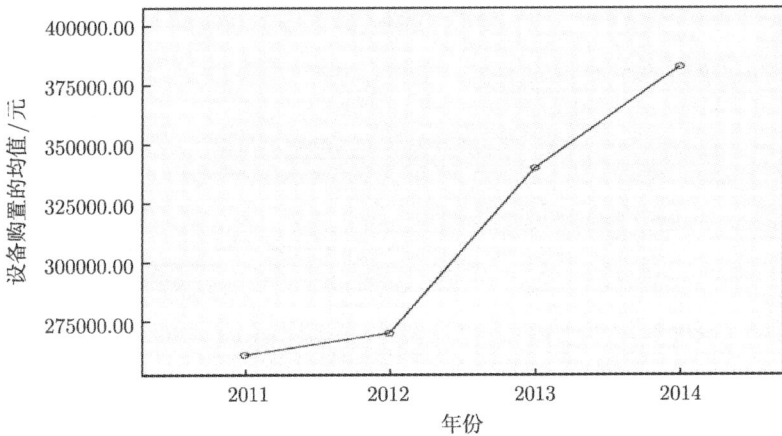

图 5-3 设备购置费均值图

5.1.4 高中仪器房屋维修费方差分析

利用 SPSS20.0 软件对高中教育仪器房屋维修费进行方差分析与方差齐性检验, 结果如表 5-13、表 5-14 所示.

表 5-13 高中教育公用经费各项数字特征描述

					均值的 95% 置信区间			
年份	N	均值	标准差	标准误	下限	上限	极小值	极大值
2011	37	2671021.0816	5178421.9318	851327.3214	944449.2481	4397592.9150	0.00	2.35E+007
2012	40	2998218.8420	5485468.1293	867328.6660	1243881.0245	4752556.6594	0.00	2.13E+007
2013	41	2644038.8406	5394104.7708	842417.6341	941449.2920	4346628.3892	0.00	2.68E+007
2014	40	3551966.5859	6681649.5287	1056461.5519	1415071.3975	5688861.7742	0.00	2.76E+007
总数	158	2969878.4152	5679964.0747	451873.6794	2077342.4206	3862414.4097	0.00	2.76E+007

仪器房屋维修费

由表 5-13 可以看出广西 2011—2014 年年度仪器房屋维修费的均值、标准差、标准误、最小值和最大值等描述性信息.

表 5-14 方差齐性检验

仪器房屋维修费

Levene 统计量	df1	df2	显著性
0.781	3	154	0.506

由表 5-14 可知, 方差齐性检验值 0.506 > 0.05, 通过检验. 接着进行单因素方差分析, 结果如表 5-15 所示.

表 5-15　单因素方差分析

仪器房屋维修费					
	平方和	df	均方	F	显著性
组间	21242902408786.145	3	7080967469595.382	0.216	0.885
组内	5043889824274834.000	154	32752531326459.960		
总数	5065132726683620.000	157			

表 5-15 给出了方差分析的结果, 从表中我们可以看出组间平方和的 F 值为 0.216, 相应的概率值是 0.885, 大于显著水平 0.05. 这说明这几年仪器房屋维修费投入是逐年递增的, 尽管并无显著的变化. 下面进行多重比较, 结果如表 5-16 所示.

表 5-16　多重比较

(I) 年份	(J) 年份	均值差 (I − J)	标准误	显著性	95%置信区间 下限	上限
	2012	−327197.76038	1305379.95715	0.802	−2905960.2772	2251564.7564
2011	2013	26982.24098	1297707.89349	0.983	−2536624.2057	2590588.6877
	2014	−880945.50428	1305379.95715	0.501	−3459708.0211	1697817.0125
	2011	327197.76038	1305379.95715	0.802	−2251564.7564	2905960.2772
2012	2013	354180.00136	1271870.87027	0.781	−2158385.7145	2866745.7172
	2014	−553747.74390	1279697.84181	0.666	−3081775.5485	1974280.0607
	2011	−26982.24098	1297707.89349	0.983	−2590588.6877	2536624.2057
2013	2012	−354180.00136	1271870.87027	0.781	−2866745.7172	2158385.7145
	2014	−907927.74526	1271870.87027	0.476	−3420493.4611	1604637.9706
	2011	880945.50428	1305379.95715	0.501	−1697817.0125	3459708.0211
2014	2012	553747.74390	1279697.84181	0.666	−1974280.0607	3081775.5485
	2013	907927.74526	1271870.87027	0.476	−1604637.9706	3420493.4611

因变量: 仪器房屋维修费 LSD

表 5-16 给出了多重比较的结果, 从表中我们可以看出任两年的仪器房屋维修费都是无显著的差异. 下面绘制仪器房屋维修费均值图, 如图 5-4 所示.

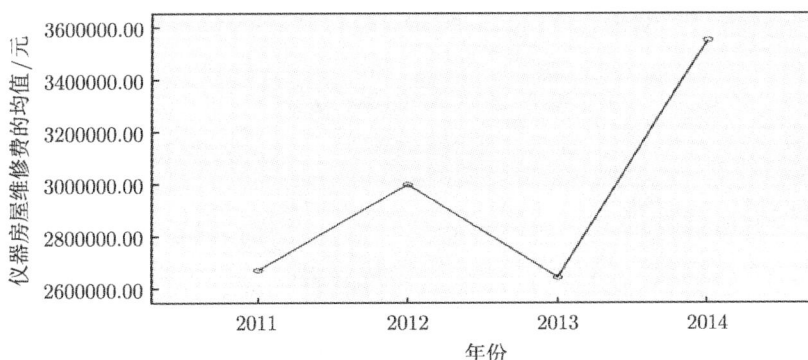

图 5-4 仪器房屋维修费均值图

5.1.5 高中教育其他费用方差分析

利用 SPSS20.0 软件对高中教育其他费用进行方差分析与方差齐性检验, 结果如表 5-17、表 5-18 所示.

表 5-17 高中教育公用经费各项数字特征描述

年份	N	均值	标准差	标准误	均值的 95% 置信区间 下限	均值的 95% 置信区间 上限	极小值	极大值
2011	37	4837687.1997	11787100.2448	1937787.3435	907672.3131	8767702.0862	0.00	6.65E+007
2012	40	3069650.7385	5579964.2016	882269.8070	1285091.6109	4854209.8660	0.00	2.87E+007
2013	41	3184688.9462	6605399.7536	1031590.1283	1099767.5250	5269610.3674	0.00	3.63E+007
2014	40	3896426.4931	8014138.0074	1267146.4793	1333380.8150	6459472.1712	0.00	4.34E+007
总数	158	3722846.5977	8194376.1406	651909.5628	2435201.8940	5010491.3015	0.00	6.65E+007

由表 5-17 可以看出广西 2011—2014 年年度高中教育其他费用的均值、标准差、标准误、最小值和最大值等描述性信息.

表 5-18 方差齐性检验

其他费用			
Levene 统计量	df1	df2	显著性
0.891	3	154	0.447

由表 5-18 可知, 方差齐性检验值 0.447 > 0.05, 通过检验. 接着进行

单因素方差分析, 结果如表 5-19 所示.

表 5-19　单因素方差分析

	其他费用				
	平方和	df	均方	F	显著性
组间	76132126407038.970	3	25377375469012.990	0.373	0.772
组内	10466072525947400.000	154	67961509908749.350		
总数	10542204652354438.000	157			

表 5-19 给出了方差分析的结果, 从表中我们可以看出组间平方和的 F 值为 0.373, 相应的概率值是 0.772, 大于显著水平 0.05. 这说明这几年高中教育其他费用投入是无显著的变化. 下面进行多重比较, 结果如表 5-20 所示.

表 5-20　多重比较

		因变量: 其他费用 LSD			95% 置信区间	
(I) 年份	(J) 年份	均值差 $(I-J)$	标准误	显著性	下限	上限
2011	2012	1768036.46123	1880381.69339	0.349	−1946635.1190	5482708.0414
	2013	1652998.25348	1869330.19228	0.378	−2039841.2183	5345837.7252
	2014	941260.70658	1880381.69339	0.617	−2773410.8736	4655932.2868
2012	2011	−1768036.46123	1880381.69339	0.349	−5482708.0414	1946635.1190
	2013	−115038.20775	1832112.31926	0.950	−3734354.2158	3504277.8003
	2014	−826775.75465	1843386.96302	0.654	−4468364.6868	2814813.1775
2013	2011	−1652998.25348	1869330.19228	0.378	−5345837.7252	2039841.2183
	2012	115038.20775	1832112.31926	0.950	−3504277.8003	3734354.2158
	2014	−711737.54690	1832112.31926	0.698	−4331053.5549	2907578.4611
2014	2011	−941260.70658	1880381.69339	0.617	−4655932.2868	2773410.8736
	2012	826775.75465	1843386.96302	0.654	−2814813.1775	4468364.6868
	2013	711737.54690	1832112.31926	0.698	−2907578.4611	4331053.5549

表 5-20 给出了多重比较的结果, 从表中我们可以看出任意两年的高中教育其他费用都是无显著的差异. 下面绘制高中教育其他费用均值图, 如图 5-5 所示.

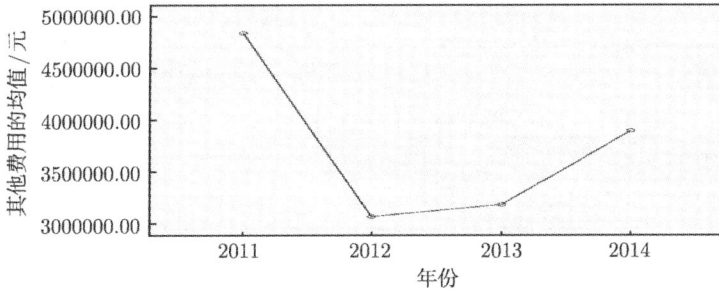

图 5-5　高中教育其他费用

5.1.6　小结

总的来说, 这几年各项费用的投入是增加的, 但是根据方差分析的结果可以看出, 随着高中教育在校生人数的增加, 高中教育公用经费的投入尽管也是逐年递增的, 尽管并无显著的变化. 这说明公用经费的需求变化加大, 因而需要继续加大对高中教育的支持力度.

5.2　基于回归分析模型的广西普通高中学校生均公用经费预测

5.2.1　回归模型的判定

表 5-21 是 2011—2014 年广西高中生均公用经费平均数与方差. 平均数说明, 对高中的生均投入基本不断增大. 标准差说明, 各个学校的生均分布年趋平均, 有利于教育的公平. 表 5-22 是 2011—2014 年广西高中教育五大功能费用, 表 5-23 是 2011—2014 年广西高中教育五大功能费用所占百分比.

表 5-21　2011—2014 年广西高中生均公用经费平均数与方差

年份	广西高中生均公用经费	
	平均数	标准差
2011	1222.47	2940.31
2012	1183.26	640.90

续表

年份	广西高中生均公用经费	
	平均数	标准差
2013	1246.63	596.37
2014	1380.35	628.42

表 5-22　2011—2014 年广西高中教育五大功能费用

年份	公务费	业务费	设备购置费	仪器房屋维护维修费	其他费用
2011	229943614.2	49926164.2	96596510.32	98998680.02	178994426.4
2012	245904866.2	53434956.7	108022247.2	120193853.7	122786029.5
2013	265975774.7	64154618.6	139438218.2	108671892.5	130572246.8
2014	265324108.3	76255213.3	153183496.3	142346463.4	155857059.7

表 5-23　2011–2014 年广西高中教育五大功能费用所占百分比

年份　　　项目	公务费	业务费	设备购置费	修缮费	其他费用
2011	35.1%	7.6%	14.8%	15.1%	27.4%
2012	37.8%	8.2%	16.6%	18.5%	18.9%
2013	37.5%	9.1%	19.7%	15.3%	18.4%
2014	33.5%	9.6%	19.3%	17.9%	19.7%

　　在客观世界中, 变量之间的关系并非都是直线关系, 要根据不同的对象提出不同的方法. 因此, 在确定回归模型之前, 用 EXCEL 软件绘出生均公用经费与年份的折线图. 从图 5-6 中可以看出生均公用经费与年份并非是直线关系, 而是曲线关系, 因此可进行曲线回归分析.

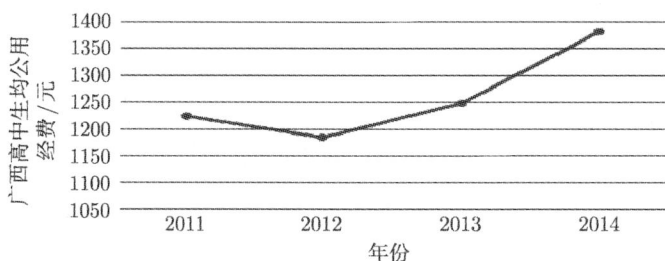

图 5-6　2011—2014 年广西高中生均公用经费折线图

5.2.2　曲线回归模型的建立与选取

考虑线性模型: 对数模型、二次模型、三次模型、复合模型以及增长模型.

首先, 根据图 5-6 可建立曲线回归预测方程; 其次, 根据各种曲线的拟合度及评价指标 (绝对误差、相对误差), 对比不同曲线的拟合度及评价指标; 选择出最佳的预测模型. 不同曲线的拟合度可由表 5-24 和图 5-7 看出.

表 5-24　模型汇总和参数估计值

方程	模型汇总					参数估计值			
	R 方	F	df1	df2	Sig.	常数	b1	b2	b3
线性	0.657	3.831	1	2	0.189	1123.925	53.701		
对数	0.461	1.712	1	2	0.321	1181.415	96.616		
二次	0.998	210.779	2	1	0.049	1340.088	−162.462	43.233	
三次	1.000	0.000	3	0	0.000	1396.490	−252.168	83.520	−5.372
复合	0.654	3.786	1	2	0.191	1131.836	1.043		
增长	0.654	3.786	1	2	0.191	7.032	0.042		

因变量: 生均公用经费

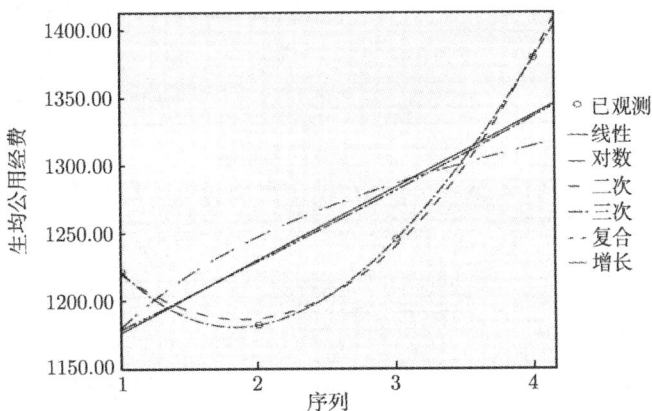

图 5-7　高中教育生均公用经费

由表 5-24 和图 5-7 可知, 拟合优度 R 方值 (模型的拟合度情况) 最大的是三次曲线, 其次是二次曲线, 因此二次模型和三次模型比较符合实际情况.

通过三次模型拟出 2015 年生均公用经费的结果为 1552.19 元. 通过二次模型拟出 2015 年生均公用经费的结果为 1608.59 元, 准确的说, 有 95% 的可能在 1337.72 元到 1879.47 元. 说明随着社会的发展, 地方财政对教育事业投入的不断增大, 生均经费也随之增大, 学生能在更好的环境下学习.

从表 5-24 可以得出广西各高中每年的生均费用 S 与年份 Y 的函数关系如下.

二次模型:

$$S_2 = 1340.088 - 162.462 * (Y - 2010) + 43.233 * (Y - 2010)^2.$$

三次模型:

$$S_3 = 1396.49 - 252.168 * (Y - 2010) + 83.52 * (Y - 2010)^2 - 5.372 * (Y - 2010)^3.$$

最后运行 EXCEL 软件计算出二次模型和三次模型中 2015—2020 年高中教育生均公用经费的预测值, 结果如表 5-25 和表 5-26 所示.

表 5-25　二次模型中 2015—2020 年高中教育生均公用经费的预测值

年份	2015	2016	2017	2018	2019	2020
预测值/元	1608.60	1921.70	2321.27	2807.30	3379.80	4038.77

表 5-26　三次模型中 2015—2020 年高中教育生均公用经费的预测值

年份	2015	2016	2017	2018	2019	2020
预测值/元	1552.15	1729.85	1881.20	1973.96	1975.91	1854.81

5.3　基于灰色预测 GM(1,1) 模型的广西高中教育生均公用经费预测

表 5-27 是广西高中生均公用经费实际支出情况.

表 5-27   广西桂西区高中生均公用经费实际支出情况

年份	生均公用经费实际支出 (元/生)
2011	1222.47
2012	1183.26
2013	1246.63
2014	1380.35

根据真实值, 用 MATLAB 软件编程 (程序代码为附件 1, 2) 可以预测出 2011—2014 年的生均公用成本, 并检验该模型是否通过. 计算结果如表 5-28 所示.

表 5-28   2011—2014 年广西高中生均公用成本预测值表   (单位: 元)

年份	真实值	预测值	误差	e_i	残差
2011	1222.47	1222.47	0	10.63	0.00%
2012	1183.26	1171.35	-11.91	1.26	0.01%
2013	1246.63	1266.72	20.09	9.46	0.016%
2014	1380.35	1369.85	-10.50	0.125	0.008%

$S_0 = 47.58$, 对所有的 e_i 都有 $P(e_i < S_0) = 1$, 故小残差率与后验差比值 $C = 0.001 < 0.35$, 残差值不超过 0.2%, 参数 $a = -0.078$, $u = 1030.42$, 故 GM(1,1) 模型合格, 预测模型为 $x_0^{(k+1)} = 1205.03 \times \mathrm{e}^{0.07k}$. 根据此模型, 用 MATLAB 软件编程 (程序代码为附件 3) 预测出高中教育未来 6 年的生均成本, 其结果如表 5-29 所示.

表 5-29   2015—2020 年桂西区高中的生均公用成本预测表

年份	2015	2016	2017	2018	2019	2020
生均公用/元	1481.37	1601.98	1732.41	1873.45	2025.98	2190.93

5.4   广西公办高中分区灰色组合预测

5.4.1   桂北区预测

表 5-30 是广西桂北区高中生均公用经费实际支出情况.

表 5-30   广西高中生均公用经费实际支出情况

年份	生均公用经费实际支出 (元/生)
2011	2594.73
2012	2801.27
2013	2778.47
2014	3345.58

根据真实值, 应用 MATLAB 软件编程 (程序代码为附件 1, 2) 可以预测出 2011—2014 年的生均公用成本, 并检验该模型是否通过. 计算结果如表 5-31 所示.

表 5-31   2011—2014 年桂北区高中生均公用成本预测值表   (单位: 元)

年份	真实值	预测值	误差	e_i	残差
2011	2594.73	2594.73	0	94.7	0.00%
2012	2801.27	2695.88	−105.39	10.69	0.038%
2013	2778.47	2963.09	184.62	89.92	0.066%
2014	3345.58	3256.79	−88.79	5.91	0.027%

$S_0 = 181.30$, 对所有的 e_i 都有 $P(e_i < S_0) = 1$, 故小残差率与后验差比值 $C = 0.013 < 0.35$, 残差值不超过 0.1%, 参数 $a = -0.095$, $u = 2325.27$, 故 GM(1,1) 模型合格, 预测模型为 $x_0^{(k+1)} = 2453.39 \times \mathrm{e}^{0.095k}$. 根据此模型, 用 MATLAB 软件编程 (程序代码为附件 3)预测出未来高中教育 6 年的生均公用成本, 其结果如表 5-32 所示.

表 5-32 2015—2020 年桂西高中的公用成本预测

年份	2015	2016	2017	2018	2019	2020
生均公用/元	3579.6	3934.4	4324.38	1132.37	4753.00	5224.12

5.4.2 桂中区预测

表 5-33 是广西桂中区高中生均公用经费实际支出情况.

表 5-33 广西高中生均公用经费实际支出情况

年份	生均公用经费实际支出 (元/生)
2011	1238.66
2012	1268.77
2013	1353.39
2014	1451.77

根据真实值, 用 MATLAB 软件编程 (程序代码为附件 1, 2) 可以预测出 2011—2014 年的生均公用成本, 并检验该模型是否通过. 计算结果如表 5-34 所示.

表 5-34 2011—2014 年桂中区高中生均公用成本预测值表　　　(单位: 元)

年份	真实值	预测值	误差	e_i	残差
2011	1238.66	1238.66	0	1.41	0.00%
2012	1268.77	1266.92	-1.85	0.44	0.001%
2013	1353.39	1355.35	1.96	0.55	0.001%
2014	1451.77	1449.94	-1.83	0.42	0.001%

$S_0 = 48.14$, 对所有的 e_i 都有 $P(e_i < S_0) = 1$, 故小残差率与后验差比值 $C = 0.003 < 0.35$, 残差值不超过 0.001%, 参数 $a = -0.067$, $u = 1141.09$, 故 GM(1,1) 模型合格, 预测模型为 $x_0^{(k+1)} = 1183.97 \times e^{0.067k}$. 根据此模型, 用 MATLAB 软件编程 (程序代码为附件 3)预测出高中教育未来 6 年的生均成本, 其结果如表 5-35 所示.

表 5-35   2015—2020 年桂中高中的生均公用成本预测

年份	2015	2016	2017	2018	2019	2020
生均公用/元	1551.14	1659.41	1775.23	1899.13	2031.68	2173.49

5.4.3   桂东区预测

表 5-36 是广西桂东区高中生均公用经费实际支出情况.

表 5-36   广西桂东区高中生均公用经费实际支出情况

年份	生均公用经费实际支出 (元/生)
2011	1184.65
2012	1279.23
2013	1361.19
2014	1473.02

根据真实值, 用 MATLAB 软件编程 (程序代码为附件 1, 2) 可以预测出 2011—2014 年的生均公用成本, 并检验该模型是否通过. 计算结果如表 5-37 所示.

表 5-37   2011—2014 年桂东区高中生均公用成本预测值表   (单位: 元)

年份	真实值	预测值	误差	e_i	残差
2011	1184.65	1184.65	0	4.0	0.00%
2012	1279.23	1274.56	-4.67	0.68	0.004%
2013	1361.19	1368.20	7.01	3.01	0.005%
2014	1473.02	1468.72	-4.30	0.30	0.003%

$S_0 = 57.83$, 对所有 e_i 都有 $P(e_i < S_0) = 1$, 故小残差率与后验差比值 $C = 0.002 < 0.35$, 残差值不超过 0.01%, 参数 $a = -0.07$, $u = 1145.92$, 故 GM(1,1) 模型合格, 预测模型为 $x_0^{(k+1)} = 1186.82 \times e^{0.07k}$. 根据此模型, 用 MATLAB 软件编程 (程序代码为附件 3)预测出高中教育未来 6 年的生均成本, 其结果如表 5-38 所示.

表 5-38   2015—2020 年桂东高中的生均公用成本预测

年份	2015	2016	2017	2018	2019	2020
生均公用/元	1576.63	1692.46	1816.80	1950.28	2093.56	2247.37

5.4.4 桂南区预测

表 5-39 是广西桂南区高中生均公用经费实际支出情况.

表 5-39   广西桂南区高中生均公用经费实际支出情况

年份	生均公用经费实际支出 (元/生)
2011	883.92
2012	953.21
2013	927.76
2014	1059.78

根据真实值, 用 MATLAB 软件编程 (程序代码为附件 1, 2) 可以预测出 2011—2014 年的生均公用成本, 并检验该模型是否通过. 计算结果如表 5-40 所示.

表 5-40   2011—2014 年桂西区高中生均公用成本预测值表   (单位: 元)

年份	真实值	预测值	误差	e_i	残差
2011	883.92	883.92	0	25.82	0.00%
2012	953.21	925.74	−27.47	1.65	0.029%
2013	927.76	978.90	51.14	25.32	0.055%
2014	1059.78	1035.10	−24.68	1.14	0.023%

$S_0 = 40.35$, 对所有 e_i 都有 $P(e_i < S_0) = 1$, 故小残差率与后验差比值 $C = 0.011 < 0.35$, 残差值不超过 0.06%, 参数 $a = -0.06, u = 850.79$, 故 GM(1,1) 模型合格, 预测模型为 $x_0^{(k+1)} = 877.24 \times e^{0.06k}$. 根据此模型, 用 MATLAB 软件编程 (程序代码为附件 3)预测出高中教育未来 6 年的生均成本, 其结果如表 5-41 所示.

表 5-41   2015—2020 年桂南区高中的生均公用成本预测表

年份	2015	2016	2017	2018	2019	2020
生均公用/元	1094.54	1157.38	1223.84	1294.11	1368.41	1446.98

5.4.5   桂西区预测

表 5-42 是广西桂西区高中生均公用经费实际支出情况.

表 5-42   广西桂西区高中生均公用经费实际支出情况

年份	生均公用经费实际支出 (元/生)
2011	1206.10
2012	1277.20
2013	1422.75
2014	1477.05

根据真实值, 用 MATLAB 软件编程 (程序代码为附件 1, 2) 可以预测出 2011—2014 年的生均成本, 并检验该模型是否通过. 计算结果如表 5-43 所示.

表 5-43   2011—2014 年桂西区高中生均成本预测值表 (单位: 元)

年份	真实值	预测值	误差	e_i	残差
2011	1206.10	1206.10	0	16.23	0.00%
2012	1277.20	1294.24	17.04	0.81	0.013%
2013	1422.75	1389.41	−33.34	17.11	0.023%
2014	1477.05	1491.59	14.54	1.69	0.001%

$S_0 = 51.12$, 对所有的 e_i 都有 $P(e_i < S_0) = 1$, 故小残差率与后验差比值 $C = 0.01 < 0.35$, 残差值不超过 0.2%, 参数 $a = -0.07$, $u = 1163.27$, 故 GM(1,1) 模型合格, 预测模型为 $x_0^{(k+1)} = 1205.03 \times e^{0.07k}$. 根据此模型, 用 MATLAB 软件编程 (程序代码为附件 3) 预测出高中教育未来 6 年的生均公用成本, 其结果如表 5-44 所示.

表 5-44 2015—2020 年桂西区高中的生均公用成本预测

年份	2015	2016	2017	2018	2019	2020
生均公用/元	1601.28	1719.03	1845.45	1981.16	2126.85	2283.26

5.4.6 灰色组合预测模型的构建

由上文, 根据灰色组合预测模型的原理, 得出广西高中生均公用经费的灰色组合预测模型公式:

$$X^{(k+1)} = 245.34\mathrm{e}^{0.095k} + 236.79\mathrm{e}^{0.067k} + 474.73\mathrm{e}^{0.07k} + 175.45\mathrm{e}^{0.06k} + 120.5\mathrm{e}^{0.07k}.$$

根据此模型用 R 软件编程 (程序见附件 6) 可预测出广西未来高中教育 6 年的生均成本, 结果如表 5-45 所示.

表 5-45 2015—2020 年广西桂南区高中教育的生均成本预测

年份	2015	2016	2017	2018	2019	2020
生均公用成本/元	1692.09	1821.51	1961.09	2111.68	2274.15	2449.49

5.5 小 结

我们应用回归分析和灰色预测模型预测了广西高中教育生均公用成本, 通过预测结果大致可以看出广西高中教育公用成本的情况, 但现实情况是广西各个地区高中教育的发展是不均衡的, 因而这两种预测方法没能体现广西各个地区高中教育的发展状况. 由于广西各地区高中教育发展情况的差异, 高中教育经费的投入也相应不同, 所以我们对桂北、桂南、桂西、桂东和桂中五个区赋予相应的权重. 运用灰色组合预测模型预测各个区的生均公用成本, 以此为基础来预测广西未来的高中教育生均公用成本. 预测结果在一定程度上反映了广西各地区的高中教育生均公用成本情况, 灰色组合预测模型比较合理、准确地预测未来广西高中教育的生均公用成本. 我们通过该模型获得了较好的预测效果, 研究成果丰富了教育成本研究理论.

第6章 思考与建议

6.1 思 考

本研究关心生均公用经费的划拨问题是否合适,它至少包括两个方面的问题,一是对广西生均公用经费的实际支出进行预测,二是对生均公用经费使用的结构优化. 从测查的结果来看,以下问题需要进行讨论和进一步研究.

6.1.1 生均公用经费的界定与划拨

调查发现,学校报告所获得的生均公用经费以及实际支出的情况与公用生均经费政策性安排并不完全一致,总体上都高于近年的拨付标准. 这说明除了生均公用经费,学校还有少量的经济来源,这些来源是地方政府的专项教育投入. 从城市之间的生均经费差异可以看到这种投入的区域差异. 对于学校而言,目前校长们所关心的是办学经费是多少,并据此"看菜吃饭",同时想方设法获得经费投入,例如,以专项申请的方式获得更多的经费投入.

公用生均经费并非教育投入的全部,它主要用于支持学校的正常运行与持续性发展. 因此,需要学校管理者从学校发展的角度系统地规划它的功能与使用效率. 然而通过深度调研,我们发现校长们并没有完全了解公用经费的功能与使用效率. 首先,他们没有形成一个完整的、细致的公用经费使用规划、方案和使用记录;其次,缺乏一个依据公用经费解决学校办学和学校发展的持续计划. 例如,学校的多媒体教学设备配备,大部分校长都表示正在打报告,争取建设一批多媒体教室. 这种追求一步到位的经费投入方式与生均经费投入方式不相符合,因此,这必然不是其他经费来源少的学校的发展模式.

生均经费的管理方式与到账时间是一个十分重要的问题. 我们认为

理想的方式是给学校以完全支配权, 并加强上级管理部分的引导与审计功能, 而不应该直接管理. 经费的划拨宜以分批方式, 第一批经费应于每学期开学前到账, 后期的经费数额可以根据实际的学生人数核定后再进行调整, 以利于学校教育教学工作的顺利进行.

建议让学校建立明确的教育生均公用经费的学期使用计划与功能支出记录, 规定特殊教育经费的功能、职责、使用范畴及数据报表的标准, 并建立相应的数据库, 使数据规范统一. 在进行经费划拨时, 应明确注明该经费是否为义务教育经费, 明确各种经费之间的关系, 如教育经费与教师工资、福利补助、专项经费投入的关系等. 通过生均经费的使用结构可以了解学校发展的特点与办学理念, 而要达到这一要求, 当前仅由会计 (或学校报账员) 制定财政预算的经费使用方式是无法实现的.

6.1.2 经费使用的保守性策略

按照一般的逻辑, 公用经费的使用量应该持平或超出划拨 (安排) 的经费额度. 如果持平, 说明经费划拨的计划是合理的; 如果超出, 则说明教育实践需要更多的经费投入, 在这种条件下, 超出量就会成为加大投入的重要依据. 反之, 如果使用量低于安排量, 则说明经费投入过量, 或经费用途不合理, 无论哪一种, 都不利于经费的投入与管理, 更不利于学校教育事业的发展. 本次测查发现, 特殊教育学校全部超过, 即充分使用特殊教育的生均划拨经费.

在数据报表中, 可能有的学校采用根据划拨的经费来填写有关数据项目的数据, 从而使安排经费使用率全部为百分之百, 这种情况比较明显. 实际上, 学校只需要根据测查项目的内容实事求是地填入支出总数即可, 最原始的数据最能反映最真实的情况.

6.1.3 生均公用经费结构特征

综观这几年生均经费 5 种功能支出的使用情况, 发现生均公用经费具有总体稳定、结构稳定特征, 公务费在所有的区域中都占据最大的比重. 其次是教学仪器等设备购置费. 这个特征与生均经费的总体功能是相符的. 因为这几个部分是学校发展过程中最主要、也是比较固定的功能性支出.

从目前的实际支出来看, 生均经费主要功能体现在维持学校运行保障性支持方面, 还没有明显地体现出促进学校发展的发展性功能. 未来的经费增加应侧重于提高教师培训、教学研究等学校人力资源建设方面, 并适当提高这些方面的比例. 例如, 学校普遍认为, 教师培训的费用比例, 应从当前的 5%, 提高到当前额度的 20% 左右.

另外, 建议考虑小学阶段对寄宿制学校与非寄宿制学校制定不同的生均经费标准, 以应对寄宿制所带来的后勤 (水电)、安保、卫生 (食堂、宿舍)、生活管理等所增加的经费压力.

生均公用经费的使用规范与动态监控调查发现, 生均经费的管理与使用还存在着不少问题. 首先, 学校觉得管理过于僵化, 除此之外, 还有的地方规定所有支出必须有正式发票, 否则不能报账. 这对于许多农村学校是一个难题, 在那里的学校, 经常因为缺乏发票而找不到维修师傅 (工人).

由于学校对生均经费项目功能理解的差异, 使调研数据的精确度和灵敏性不够, 不能很好的描绘出经费的使用结构与发展轨迹. 因此, 有必要建立一个动态管理数据库, 通过准确的数据来分析学校义务教育生均公用经费的功能性支出的结构特点和发展规律, 以便监测、指导学校的发展.

6.2　建　　议

6.2.1　政府应加大对特殊、幼儿、高中教育经费的投入力度

首先, 加大对特殊、幼儿、高中教育经费的投入能加快平等教育的实现. 只有加大对特殊、幼儿、高中教育经费的投入, 才能保证落后地区特殊、幼儿、高中教育的基本建设, 才能保障适龄的特殊需要儿童和少年学习发展的基本权利; 才有可能建设规范化的特殊、幼儿、高中教育学校, 为每一个学生创造平等受教育的条件和机会; 才有可能配备相应的教学设施设备和合格的教师; 才有可能建立完善而规范的学生资助和借贷制

度, 缓解贫困家庭的教育负担.

其次, 加大特殊、幼儿、高中教育经费的投入能提高教育的办学水平与办学能力. 增加经费的投入, 加强对教育学校各项设施的建设, 提高教育技术手段的现代化水平和康复程度, 如购买一定数量的图书, 配备各种音像资料和电教器材, 配备各种康复设施设备, 提供各种专业活动场所, 建设良好的校园环境等. 为学生创造良好的学习和生活条件, 鼓励学生动手实践, 将必要的生活知识和优秀的科学知识传授给学生.

最后, 加大特殊、幼儿、高中教育经费的投入能促进教育教师队伍的建设. 加大教育经费的投入, 有利于加大教育培训的力度, 扩大培训的广度和深度. 要增加培训骨干教师的专项资金, 建设一支相对稳定、素质不断提高的教师队伍.

6.2.2　建立和健全教育经费的监督机构, 提高教育经费的使用效益

要做到科学管理教育经费, 保证教育经费用到实处, 发挥实效, 必须建立决策系统、执行系统和监督系统相互制约的管理模式. 构建健全的教育经费管理系统最重要的因素就是监督系统, 如果只有决策、执行两个系统而缺乏监督系统, 则很可能会导致决策失误、检查和监督不力的情况. 在我国, 各级教育经费监督机构还没有形成完整的体系, 设置单一, 缺乏专业人员, 这就给教育经费被挪用、侵占和浪费提供了可乘之机. 因此, 必须建立、健全教育经费的监督机构, 强化监督职能, 使教育经费财尽其用、物尽其功.

6.2.3　构建广西教育现代化指标体系

教育现代化是一个国家或地区文明发达的标志. 广西与全国其他地区相比较, 教育的现代化进程仍存有一定的差距. 构建广西教育现代化指标体系, 促进教育的发展是我们的当务之急. 构建出的体系要反映广西区内教育发展的价值追求, 譬如教育均衡、教育公平、优质教育等发展现状, 具有监测和评价的功能. 政府部门应按指标体系的要求加大教育经费的投入, 为实现广西特殊、幼儿、高中等学段的教育现代化提供经费保障.

参 考 文 献

[1] 谢敬仁, 钱丽霞, 杨希洁等. 国外特殊教育经费投入和使用及其对我国特殊教育发展的启示. 中国特殊教育, 2009(6): 17–24.

[2] 汪放. 教育公平视野下我国特殊教育立法研究. 华中师范大学硕士学位论文. 2006.

[3] 庞丹丹. 广西特殊教育发展史初探. 广西教育学院学报, 2000(5): 79–82.

[4] 王普伟. 高校教育成本核算问题研究. 山东大学硕士学位论文. 2012.

[5] 王化敏. 关于幼儿教育事业发展状况的调查报告. 早期教育, 2003(5): 2–5.

[6] 王化敏. 2005 年我国幼儿教育事业发展情况分析. 早期教育, 2006(6): 4–6.

[7] 赖长春. 幼儿园高收费现象的本质、成因及对策. 学前教育研究, 2009(2): 10–14.

[8] 曾晓东. 我国幼儿教育体制改革的困难和可能选择. 教育导刊, 2006(1): 7–11.

[9] 厉以宁. 教育经济学. 北京: 北京出版社, 1984: 78–92.

[10] 阎达五, 王耕. 教育成本研究高等教育的管理改革与效益. 北京: 北京出版社, 1989: 67.

[11] 王善迈. 教育投入与产出研究. 石家庄: 河北教育出版社, 1996.

[12] 靳希斌. 教育经济学. 北京: 人民教育出版社, 2001: 283–284.

[13] 袁连生. 教育成本计量探讨. 北京: 北京师范大学出版社, 2000: 25–31.

[14] 陈敬良. 高等教育成本管理论. 上海: 上海科技教育出版社, 2001.

[15] 范先佐. 教育投资体制改革的理论与实践问题研究. 武汉: 华中师范

大学出版社, 2003: 67–96.

[16] 娄成武, 史万兵. 教育经济与管理. 2 版. 北京: 北京出版社, 1997: 162.

[17] John V. The Costs of Education. London: Allen and Unwin, 1958: 26–28.

[18] Theodore W S. The Economic Value of Education. New York: Columbia University Press, 1963: 23–25.

[19] Elchanan C. The Economic of Education. Oxford: Pergamon Press, 1979.

[20] 袁连生. 教育成本计量探讨. 北京: 北京师范大学出版社, 2000: 10.

[21] 王彬. 广州市幼儿教育成本与收费标准的实证研究. 华南师范大学硕士学位论文. 2004.

[22] 符策红, 何春花, 刘景祥. 海南学前教育教育成本与收费的研究 ——基于海南民办幼儿园的实施分析. 财经界 (学术版), 2011(16): 114–115.

[23] 高洁. 学前教育成本与收费问题研究现状分析. 新西部 (理论版), 2013(7): 138–139.

[24] 刘幼昕, 张凌洋. 普通高中教育成本分担探析. 行政事业资产与财务, 2011, 14: 4–5.

[25] 黄好. 公办普通高中教育成本核算及成本效率评价研究. 苏州大学硕士学位论文. 2010.

[26] 张弘毅. 高等教育生均成本的探讨. 财政监督. 2010(10): 78–79.

[27] Izadi H, Johnes G, Oskrochi R, et al. Stochastic frontier estimation of a CES cost function: The case of higher education in Britain. Economics of Education Review, 2002, 21(1): 63–71.

[28] Aitkin M, Longford N. Statistical modelling issues in school effectiveness studies. Journal of the Royal Statistical Society, 1986, 149(1): 1–43.

[29] 顾锋娟, 郑秋红, 岑仲迪. 普通高等教育生均成本的政府合理分担问题研究. 高教探索, 2009(03): 53–58.

[30] 田绣珂. 谈高校生均标准成本测算方法. 财会月刊, 2006(35): 25–26.

[31] 胡汉祥, 杨海芬. 高等教育生均培养成本测算模型构建. 财会通讯

(理财版), 2007(11).

[32] 谢向东. 关于高校生均成本的思考. 大同职业技术学院学报, 2005(04): 56–57.

[33] 约翰 · 维泽. 教育成本. 北京: 机械工业出版社, 1958.

[34] 舒尔茨. 教育的经济价值. 长春: 吉林人民出版社, 1982.

[35] 科恩. 教育经济学. 上海: 华东师大出版社, 1989.

[36] 潘序伦. 开展 "人才会计" 的研究. 财会通讯, 2000.

[37] 王善迈. 教育投入与产出研究. 石家庄: 河北教育出版社, 1996.

[38] 袁连生. 教育成本计量探讨. 北京: 北京师范大学出版社, 2000.

[39] 郑玲. 高等学校管理成本探究. 昆明: 云南大学出版社, 2006.

[40] 王普伟. 高校教育成本核算问题研究. 山东大学硕士论文. 2012.

[41] 温星来. 自回归模型和线性回归模型在门诊人次预测中的应用. 中国医院统计, 2004, 11(4): 340–341.

[42] 王晓燕, 许凤娟, 王辉. 应用回归模型预测 2001 年我院住院医疗服务收入. 中国医院管理, 2001, 21(3): 18.

[43] 吴汪友. 曲线拟合度分析法在公路货运回归预测中的应用. 海南大学学报自然科学版, 2008, 13(4): 4.

[44] 董玉恒, 白求恩. 曲线拟合度和拟合优度检验的局限性及新设想. 现代预防医学, 1996, 23(3): 137–138.

[45] 王红芳. 集对分析在频率曲线拟合度定量评价中的应用. 水利水电技术, 2007, 38(4): 1–3,15.

[46] Graham J W, Schafer J L. On the performance of multiple imputation for multivariate data with small sample size//Hoyle R (ed) Statistical Strategies for Small Sample Research. Thousand Oaks: Sage, 1999: 1–29.

附　　件

附　件　1

```
 format long;  %设置计算精度
x=[1918.396 2120.608 2531.630 3103.207];
if length(x(:,1))==1  %对输入矩阵进行判断，如不是一维列矩阵，进行
转置变换
    x=x';
end
n=length(x);  %取输入数据的样本量
z=0;
for i=1:n  %计算累加值，并将值赋予矩阵 be
    z=z+x(i,:);
    be(i,:)=z;
end
for i=2:n    %对原始数列平行移位
    y(i−1,:)=x(i,:);
end
for i=1:n−1  %计算数据矩阵 B 的第一列数据
    c(i,:)=−0.5*(be(i,:)+be(i+1,:));
end
for j=1:n−1  %计算数据矩阵 B 的第二列数据
    e(j,:)=1;
end
for i=1:n−1  %构造数据矩阵 B
```

```
    B(i,1)=c(i,:);
    B(i,2)=e(i,:);
end
```

alpha=inv(B'*B)*B'*y;　%计算参数矩阵

for i=1:n+1　%计算数据估计值的累加数列，如改 $n+1$ 为 $n+m$ 可预测后 $m-1$ 个值

```
    ago(i,:)=(x(1,:)−alpha(2,:)/alpha(1,:))*exp(−alpha(1,:)*(i−
1))+alpha(2,:)/alpha(1,:);
end
```

var(1,:)=ago(1,:)

for i=1:n　%如改 n 为 $n+m-1$，可预测后 $m-1$ 个值

```
    var(i+1,:)=ago(i+1,:)−ago(i,:);　%估计值的累加数列的还原，并
```
计算出下一预测值

```
end
for i=1:n
    error(i,:)=var(i,:)−x(i,:);　%计算残差
end
```

c=std(error)/std(x);　%调用统计工具箱的标准差函数计算后验差的比值 c

ago　%显示输出预测值的累加数列

alpha　%显示输出参数数列

var　%显示输出预测值

error　%显示输出误差

c　%显示输后验

附　件　2

x0=[1918.396 2120.608 2531.630 3103.207];　%原始值

x1=[1918.396 2100.092 2543.213 3079.834];　%预测值

```
 n=length(x0);
n=length(x1);
e1=[];
e=[];
for i=1:n
     x2=sum(x0)/n;
    S1=sqrt(sum(x0(i)-x2).^2/(n-1));
     e1(i)=abs(x0(i)-x1(i));
x3=sum(e1)/n;
S2=sqrt(sum(e1(i)-x3).^2/(n-1));
    c=S2/S1;
    q(i)=e1(i)/x0(i);
    e=abs(e1-x3);
    S0=0.6745*S1;
end
q
c
S0
  e
```

附 件 3

```
syms a b;
 c=[a b]';
X=[1918.396 2120.608 2531.630 3103.207];
 B=cumsum(X);
 n=length(X);
 for i=1:(n-1)
         C(i)=(B(i)+B(i+1))/2;
```

```
end
 D=X;
 D(1)=[];
 D=D';
 E=[−C;ones(1,n−1)];
 c=inv(E*E')*E*D;
 c=c';
 a=c(1);
 b=c(2);
F=[];F(1)=X(1);
   for i=2:(n+7)
        F(i)=(X(1)−b/a)*exp(−a*(i−1))+b/a;
end
Y=[];Y(1)=X(1);
for i=2:(n+7)
Y(i)=F(i)−F(i−1);
end
Y
```

附 件 4

```
k=4
x<−c()
while(k<8){
x[k+1]<−373.702*exp(0.125*k)+346.93*exp(0.17*k)+748.652*exp
(0.3*k)+157.286*exp(0.35*k)+147.628*exp(0.23*k)
k=k+1
}
x
```

附 件 5

```
k=4
x<−c()
while(k<10){
x[k+1]<−123.54*exp(0.02*k)+162.95*exp(0.003*k)+648.95*exp
(0.005*k)+105.28*exp(0.11*k)+117.3*exp(0.1*k)
k=k+1
}
x
```

附 件 6

```
k=0
x<−c()
while(k<10){
x[k+1]<−254.34*exp(0.095*k)+236.79*exp(0.067*k)+474.73*exp
(0.07*k)+175.45*exp(0.06*k)+120.5*exp(0.07*k)
k=k+1
}
x
```

调 查 表

调 查 表 1

广西普通高中学校生均公用经费调查表

单位名称(盖章)	北海市北海中学	隶属关系 (所属市、县、区)	北海市	填表日期	2015年1月28日
学校类别 (公办/民办)	公办	填表人	裴琳娜	联系电话	3153117

年份	2011 年	2012 年	2013 年	2014 年
学校在校生数				
公用经费安排总数 (万元)				
公用经费安排到位率 (%)				
生均公用经费实际支出 (元/生)				
支出项目 (元)				
合计				
(一) 公务费小计				
1. 办公费				
2. 水电费				
3. 邮电费 (只含邮件与电话费)				
4. 交通差旅费				
5. 接待费				
6. 劳务费				
7. 会议费				
8. 其他公务费				
(二) 业务费小计				
1. 实验、实习等专用材料费				
2. 教学改革研究费				

续表

单位名称 (盖章)	北海市北海中学	隶属关系 (所属市、县、区)		北海市	填表日期	2015 年 1 月 28 日
学校类别 (公办/民办)	公办	填表人		裴琳娜	联系电话	3153117
年份		2011 年	2012 年	2013 年		2014 年
3. 文体活动费						
4. 宣传教育费						
5. 网络运营费 (不含邮件与电话费)						
6. 其他业务费						
(三) 设备购置费小计						
1. 办公设备购置费						
2. 教学专用设备购置费						
3. 图书资料购置费						
4. 其他购置费用						
(四) 仪器房屋维护维修费用小计						
1. 仪器维护维修费用						
2. 房屋、建筑物日常修缮费						
(五) 其他费用小计						
1. 教师培训费						
2. 教师医疗保险费 (政府承担部分)						
3. 学生医疗保险费 (政府承担部分)						
4. 安保费用						
5. 其他费用						

调 查 表 2

广西特殊教育学校生均公用经费调查表

单位名称 (盖章)		隶属关系 (所属市、县、区)		填表日期	
学校类别 (公办/民办)		填表人		联系电话	
年份		2011 年	2012 年	2013 年	2014 年
学校在校生数					
公用经费安排总数 (万元)					
公用经费安排到位率 (%)					
生均公用经费实际支出 (元/生)					
支出项目 (元)					
合计					
(一) 公务费小计					
1. 办公费					
2. 水电费					
3. 邮电费 (只含邮件与电话费)					
4. 交通差旅费					
5. 接待费					
6. 劳务费					
7. 会议费					
8. 其他公务费					
(二) 业务费小计					
1. 实验、实习等专用材料费					
2. 教学改革研究费					
3. 文体活动费					
4. 宣传教育费					
5. 网络运营费 (不含邮件与电话费)					
6. 其他业务费					

续表

单位名称 (盖章)		隶属关系 (所属市、县、区)		填表日期	
学校类别 (公办/民办)		填表人		联系电话	
年份	2011 年	2012 年	2013 年	2014 年	
(三) 设备购置费小计					
1. 办公设备购置费					
2. 教学专用设备购置费					
3. 图书资料购置费					
4. 其他购置费用					
(四) 仪器房屋维护维修费用小计					
1. 仪器维护维修费用					
2. 房屋、建筑物日常修缮费					
(五) 其他费用小计					
1. 教师培训费					
2. 教师医疗保险费 (政府承担部分)					
3. 学生医疗保险费 (政府承担部分)					
4. 安保费用					
5. 其他费用					

调 查 表 3

广西公办幼儿园生均公用经费调查表

单位名称 (盖章)		隶属关系 (所属市、县、区)		填表日期	
学校类别 (公办/民办)		填表人		联系电话	
年份	2011 年	2012 年	2013 年	2014 年
学校在校生数				
公用经费安排总数 (万元)				
公用经费安排到位率 (%)				
生均公用经费实际支出 (元/生)				
支出项目 (元)				
合计				
(一) 公务费小计				
1. 办公费				
2. 水电费				
3. 邮电费 (只含邮件与电话费)				
4. 交通差旅费				
5. 接待费				
6. 劳务费				
7. 会议费				
8. 其他公务费				
(二) 业务费小计				
1. 实验、实习等专用材料费				
2. 教学改革研究费				
3. 文体活动费				
4. 宣传教育费				
5. 网络运营费 (不含邮件与电话费)				
6. 其他业务费				

续表

单位名称 (盖章)		隶属关系 (所属市、县、区)		填表日期	
学校类别 (公办/民办)		填表人		联系电话	
年份		2011 年	2012 年	2013 年	2014 年
(三) 设备购置费小计					
1. 办公设备购置费					
2. 教学专用设备购置费					
3. 图书资料购置费					
4. 其他购置费用					
(四) 仪器房屋维护维修费用小计					
1. 仪器维护维修费用					
2. 房屋、建筑物日常修缮费					
(五) 其他费用小计					
1. 教师培训费					
2. 教师医疗保险费 (政府承担部分)					
3. 学生医疗保险费 (政府承担部分)					
4. 安保费用					
5. 其他费用					

彩　　图

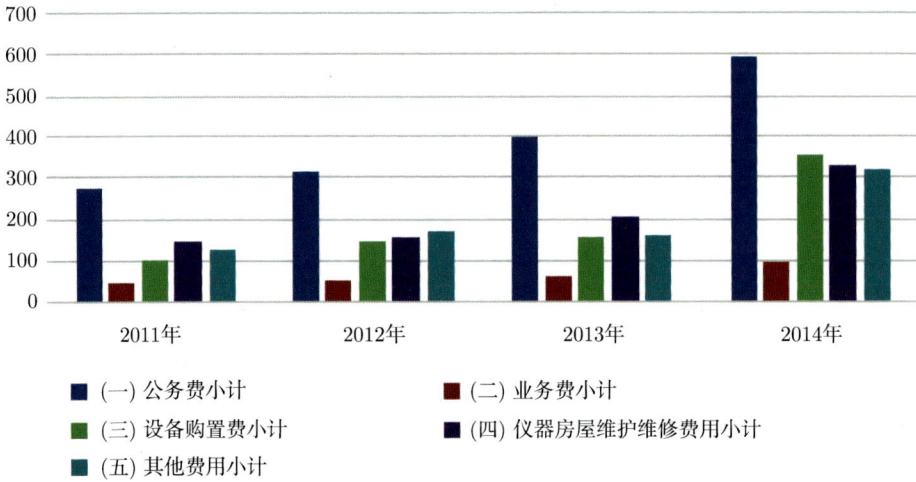

图 3-1　2011—2014 年生均公用经费五大功能支出图/万元

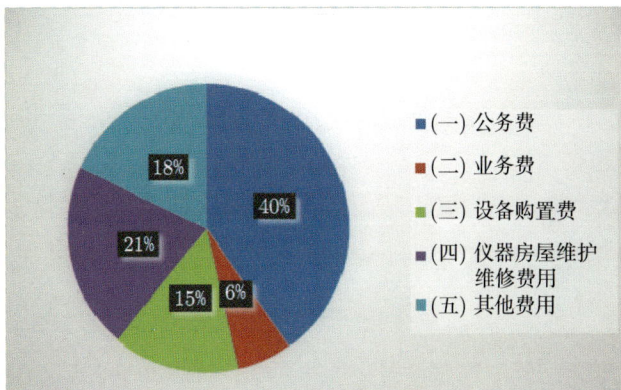

图 3-2　2011 年五大功能支出生均支出比例图

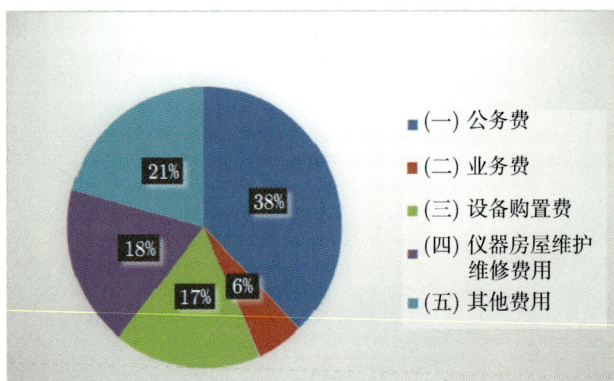

图 3-3　2012 年五大功能支出生均支出比例图

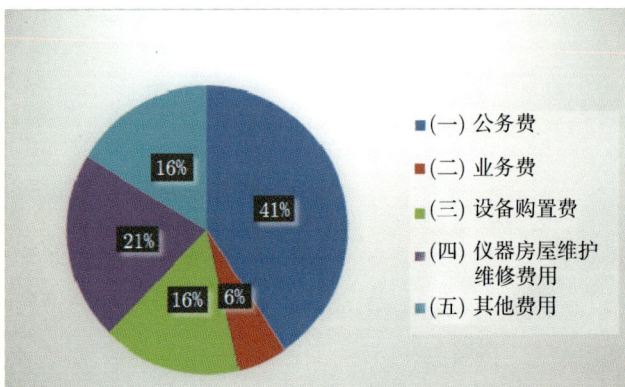

图 3-4　2013 年五大功能支出生均支出比例图

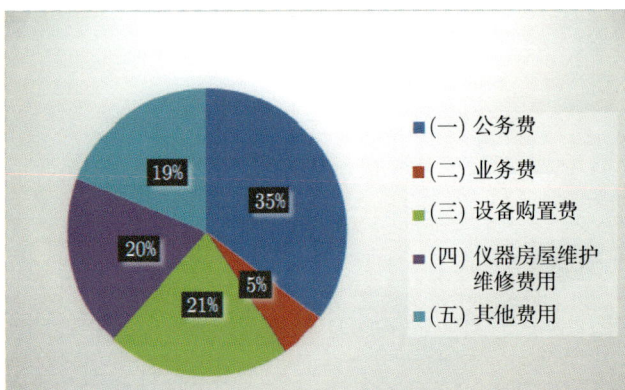

图 3-5　2014 年五大功能支出生均支出比例图